公安学学术丛书　尚建荣　主编
江苏高校优势学科建设工程资助项目（PAPD）
“青蓝工程”资助项目
江苏高校品牌专业建设工程资助项目（TAPP）
江苏警官学院侦查学科研创新团队建设项目
江苏省教育厅高校哲学社会科学研究项目
《新时期金融刑法观的理论建构》（2015SJB239）
江苏省法学会研究项目《金融违法行为犯罪化研究》（SFH2013C06）

金融刑法立罪研究

蒋苏淮　著

中国人民公安大学出版社
·北　京·

图书在版编目（CIP）数据

金融刑法立罪研究/蒋苏淮著. —北京：中国人民公安大学出版社，2016.12
（公安学学术丛书 / 尚建荣主编）
江苏高校优势学科建设工程资助项目（PAPD）
ISBN 978-7-5653-2837-4

Ⅰ.①金… Ⅱ.①蒋… Ⅲ.①金融—刑事犯罪—刑法—定罪—研究—中国 Ⅳ.①D924.334

中国版本图书馆 CIP 数据核字（2016）第 319486 号

金融刑法立罪研究

蒋苏淮 著

出版发行：中国人民公安大学出版社
地　　址：北京市西城区木樨地南里
邮政编码：100038
经　　销：新华书店
印　　刷：北京兴华昌盛印刷有限公司

版　　次：2016 年 12 月第 1 版
印　　次：2016 年 12 月第 1 次
印　　张：8.75
开　　本：787 毫米×1092 毫米 1/16
字　　数：162 千字

书　　号：ISBN 978-7-5653-2837-4
定　　价：33.00 元

网　　址：www.cppsup.com.cn　　www.porclub.com.cn
电子邮箱：zbs@cppsup.com　　zbs@cppsu.edu.cn

营销中心电话：010-83903254
读者服务部电话（门市）：010-83903257
警官读者俱乐部电话（网购、邮购）：010-83903253
教材分社电话：010-83903259

总 序

为加强公安学建设，推动公安学理论研究和实践创新，更好地发挥公安学科建设服务公安教育和公安实战的作用，江苏警官学院于2011年启动了《公安学学术丛书》编撰工作。这在国内尚属首次。作为一套系列学术丛书，其编选采用了开放性、灵活性和包容性的形式，即不预先设定书目，不预先确定著者，而是采取面向全校征集，由个人申报、专家评审遴选的方式确定。入选丛书的作者，大多长期在江苏警官学院从事教学、科研工作，他们中有学识深厚的学科带头人，有年富力强的学术骨干，也有朝气蓬勃的青年才俊。他们治学严谨，勇于开拓，传承而不守旧，务实而不唯书，以自己的学术专长和敏锐的学术视角，赋予这套丛书扎实厚重的学术分量。希望这些成果的付梓，能够引起越来越多的人对公安学学科的关注，能够对推动公安学发展有所裨益。

公安学是伴随着国家、警察的诞生而产生的一门学科，但就现代意义上的公安学学科建设而言，在中国起步较晚。众所周知，中国近代警察制度移植自西方，关于警察学科的研究也大多沿用西方范式。新中国成立后，伴随着人民公安事业的创建和发展，中国特色的公安学学科建设随之展开。尤其是改革开放以来，在波澜壮阔的社会主义现代化建设中，公安工作日新月异，公安教育恢复发展，公安人才队伍逐步壮大，公安学术交流不断拓展，这些都直接推动了当代公安学科的快速发展。在几代人的不懈努力下，2011年3月，国务院学位委员会和教育部正式批准增列“公安学”和“公安技术”两个一级学科，结束了公安高等教育没有一级学科的历史，标志着公安学学科建设翻开了新的一页，在公安学术史上具有里程碑意义。

学科建设不仅是公安高等教育的龙头，而且对经济社会发展具有重要促进作用。近年来，江苏警官学院积极适应经济社会发展新形势，主动融入高等教育改革发展主流，主动融入公安工作改革发展大局，大力实施转型升级发展战略，着力抓好内涵建设、队伍建设、硬件建设“三大建设”，努力打造公安学科建设品牌。2010年，江苏省政府启动实施了“江苏高校优势学科建设工程”，这是全面提升高等教育水平和核心竞争力、加快江苏由教育大省向教育强省转变的战略举措。江苏警官学院申报的“公安学”一级学科经过多轮遴选评审，成功入选江苏省优势学科建设工程项目。这一重大突破，标志着江苏警官学院的学科建设进入高起点、高层次发展的新阶段，也为江苏的公安学学科建设搭建了高端平台。这套丛书，从一个侧面反映了江苏警官学院承担省优势学科建设工程项目以来所取得的代表性成果。

公安学学科建设有着自身的特点和规律。江苏警官学院在公安学研究中，力求从实际出发，努力探索和形成自己的特色。从这套丛书入选成果看，主要体现出三个特点：一是研究方向和选题比较广泛。涉及治安学、侦查学、公安管理学、警察法学、犯罪学、心理学、警察文化、警察史学等公安学的主要方向或领域。二是理论和实践并重。在公安学研究中坚持"顶天立地"的原则，顶天，就是注重理论创新，丛书选题中大多瞄准学科理论前沿，具有前瞻性；立地，就是注重回应实践需求，丛书选题中有不少来自于公安实践，主要解决公安实际工作中的问题。三是与相关学科的融通。特别是从公安学与相邻学科结合的视角，对公安学及交叉学科研究领域的诸多理论和现实问题进行了比较系统的梳理，力图揭示公安学及交叉学科理论演进的路向及其规律，这一探索与尝试，为公安学研究开启了一个很有意义的努力方向。

当代公安事业发展进步迫切需要科学理论的指导，迫切需要学术研究的引领。相对于成熟学科，公安学是年轻的。公安学要赢得更高的地位和更大的影响力，关键是要有一大批社会广泛认可的标志性成果，关键是要有一大批高水平的学术人才，最终的衡量标准是看对公安工作和社会发展进步的贡献度。实现这个目标，需要公安系统和社会各界的共同努力，公安院校更有大量工作要做。与众多知名学府相比，江苏警官学院的公安学学科建设才刚刚起步，任重而道远。我们希望借助这套丛书的编撰出版，为公安学学术研究和交流搭建一个平台，通过发挥这个平台集聚和整合学科研究力量的作用，不断催生一批公安学的名师和大家，产生更多影响深远的精品力作，以推动公安学研究走向辉煌，更好地为提升公安教育水平、推动公安事业发展进步服务。这是我们的愿望，也是我们的责任。

二〇一二年十一月

前 言

金融刑法观，即对金融刑法的价值、机能、目的任务、基本原则等问题的根本观点与基本态度。这是金融犯罪圈设定的理论研究基石。

金融刑法观的理论起点，即刑法的基本立场。当前，一个最为流行的刑法研究思路及论证脉络当属用风险社会理论解读当代中国社会的风险图景，进而提出“风险刑法”或称“安全刑法”理论，要求重构刑法观。在这些论著中，论者向我们展示了这样的一个“中国”：“我们现在所处的这个社会，风险真可谓无所不在，天灾人祸时时困扰着我们。……自加入到世界一体化进程后，中国社会除了受到全球风险社会中的风险浪潮波及，具有全球风险中的一般风险特征外，还存在着具有中国特色的诸多自我特征。经济成就的辉煌无法遮蔽各种社会问题的集群性爆发……今天的中国已经充满着各种各样的社会风险。……中国社会已进入风险社会。”①

在这样的社会认知背景下，以人权保障和社会保护为核心的传统刑法观遭到各方面的苛责，认为其无法胜任保障社会安全之责：（1）传统刑法中的法益范畴无法涵盖风险社会产生的新的法益类型，如超个人法益及一些面向未来的现阶段尚无法认识的法益；（2）传统刑法由于以处罚实害犯为核心，使得对某些罪行的处罚过于滞后，可能会导致对共同体安全造成不可估量的和灾难性的破坏；（3）传统刑法强调犯罪的本质是法益侵害，且一般要求是现实的物质侵害的后果，但在风险社会中，侵害后果往往难以估测甚至无法认定；（4）传统因果关系理论以相当因果关系说为核心，难以评断风险社会中的危险或损害的原因，因为其往往是由众多的复杂因素引发，而非源于个人的特定罪行；（5）传统刑法的责任主体只限于个人，而风险社会中绝大多数的风险都由团体所为，因此传统的心理责任论很难解释风险社会下的团体责任。

于是，对刑法观进行重新定位的观点被提了出来：（1）风险刑法的价值中心逐渐转变为以维护社会秩序为重心；（2）风险刑法以防范风险发生为目的，因而不再预设法益的特定内容，不关注个体法益的保护，仅以一般危险性

① 杨兴培：《“风险社会”中社会风险的刑事政策应对》，《华东政法大学学报》2011年第2期，第59～60页。

和预防必要性作为划定可罚性的界限，以义务违反取代法益侵害作为处罚的基础，将违法性而非社会危害性作为犯罪的本质特征；（3）风险刑法评价或非难的对象从行为的结果转为行为本身，即由结果本位转向行为本位，将犯罪成立的标准前移，同时扩大行为范畴，增加不作为及持有型行为；（4）风险刑法将客观构成要件的类型化，引入严格责任，解决行为人的归责问题，以取代行为人主观归责要素的决定作用；（5）风险刑法以防范风险为出发点，风险通过某些特定行为标示出来，并以实施特定行为所产生的象征标示作为刑法发动的条件，而不再以因果关系作为规则的客观基础；（6）风险刑法将罪责功能化，以预防必要性决定处罚的内容，风险行为的不法基础是抵触规范，罪责基础是行为人破坏法忠诚的可责意志。

在这样的思想指引下，“风险刑法”理论被运用于包括金融犯罪在内的多领域的讨论中，涉及立法、司法适用以及犯罪防控与治理等多个方面。从1997年刑法出台到《刑法修正案（八）》的公布，立法机关通过在刑法典及单行刑法、附属刑法中增加新罪数量（如由《刑法修正案（五）》增加的妨害信用卡管理罪、由《刑法修正案（七）》增加的利用未公开信息交易罪），修改犯罪要件（如《刑法修正案》对内幕交易、泄露内幕信息罪的修改）等方式将以前的非罪行为拉入犯罪圈；刑事司法机关通过在司法解释或司法性文件中降低“入罪”门槛、扩张解释等方式扩大某些犯罪构成要件的外延范围；具体的执法者则在自由裁量中根据自己的理解调整着个罪的罪与非罪的界限（民间融资是否构罪的探讨说明了这一点）。面对金融犯罪圈急速扩张，一个无法回避的问题是：是否所有所涉的“犯罪化”都是正确的？刑法是禁止性规范，在金融行为领域每增加一条规范，就设定了一个禁区，若对金融行为规范得过于严格，则极有可能在一定程度上扼杀部分人的冒险创新精神和投机动力，这既不完全符合市场经济运行的规律，也不符合我国当前经济建设和社会生活的实际，从而最终不利于国家和社会的发展。在经济新常态背景下，我国刑法制度改革应如何对待犯罪化与非犯罪化问题是值得认真探讨的。同时，通过频繁修法来扩张金融犯罪圈的方式也是需要斟酌的。法律作为一种对社会关系进行制度性安排的工具体系和排除个人主观任性的理性制度，必须是相对稳定的，必须是社会发展中的一股相对稳定而保守的力量，因为，只有这样，法律秩序才能形成，法律的权威性方能得到确立和维持。刑法的剧烈而快速的变化会对人们的行为预期造成影响，从而使人容易失去对其的信任感。

究竟什么是金融违法行为犯罪化的依据与标准？当下的金融刑法扩张是否合理？我之所以选择金融刑法立罪问题作为研究主题，一来是与工作有关，更重要的是希望通过自己的研究解决一直以来的困惑。作为一个法律保守主义者，我对刑法频繁修改、犯罪圈不断扩大一直有一种本能的抗拒，公安院校教师的身份更使我时常站在公安的立场思考司法实践中的法律适用问题。

研究的过程充满了纠结与自我否定，研究越深入，越感到自己研究视野的局限，我要特别感谢我的恩师孙国祥教授。恩师深厚的理论功底让我敬仰，学以致用的治学理念对我影响甚巨。孙老师包容并支持我坚持自己的学术主张，这是我坚持完成研究的重要动力来源。可以说，没有老师的教导与严格要求，本书是不可能完成的。本书的写作，还得到了刘伟博士、黄旭巍博士、徐凌波博士、陈晓钟博士、时方博士的倾力相助。感谢江苏警官学院的领导与同仁们，感谢南大法学院的老师们，感谢共同追随“孙行者”孙老师的同门，感谢我的家人。

目录 CONTENTS

绪论

一、选题背景与意义

在现代市场经济条件下，金融在经济发展中扮演着至关重要的角色。近年来，随着我国金融自由化程度的提高、金融改革步伐的加快、金融开放程度的不断加深，金融风险也在不断增加。尤其是全球金融危机爆发之后，受其影响，我国金融领域中的各种经济繁荣时期的矛盾从隐性走向显性，金融犯罪活动呈现蔓延之势。面对日趋激烈的金融犯罪的挑战，探求刑事立法及司法实践的有效应对之策成为理论界与实践界共同关注的热点话题。

金融刑法①立法问题既是一个重要的理论问题，也是一个重要的实践问题。

从立法与司法实践来看，金融刑法频繁修改，金融犯罪圈扩张是一个显见的事实。尽管法律作为制度性安排，必然体现对社会的回应，但从法理学角度而言，法律作为一种对社会关系进行制度性安排的工具体系和排除个人主观任性的理性制度，必须是相对稳定的，必须是社会发展中的一股相对稳定而保守的力量，因为，只有这样，法律秩序才能形成，法律的权威性方能得到确立和维持。法律剧烈而快速地变化势必会对人们的行为预期造成影响，从而使人容易失去对其的信任感。我们看到，自1997年刑法之后我国共出台一个刑法单行条例和9个修正案，而其中，涉及刑法分则第三章第四节、第五节修改的，包括单行条例和7个修正案在内，有8个之多。在本书所研究的38个罪名中，有的甚至被修改过两次。那么，作为国家的基本法之一，刑法做如此频繁的变动是否合理与必要？

同时，规范具有限制性，在金融行为领域每增加一条规范，就设定了一个枷锁，而刑法又是最为严厉的禁止性规范，行为入刑便代表着设定禁区。若对金融行为规范得过于严格，则极有可能在一定程度上扼杀部分人的冒险创新精

① 有关金融刑法的概念及范围，学界有最广义、广义、狭义以及最狭义之分。参见安曦萌：《金融犯罪概念之争》，《河北学刊》2015年第5期，第158~163页。为研究方便，本书将采用最狭义的金融刑法的概念，即在检视实然金融圈时仅以刑法分则第三章第四节与第五节中的罪名为对象进行考察。

神和投机动力，这既不完全符合市场经济运行的规律，也不符合我国当前经济建设和社会生活的实际，从而最终不利于国家和社会的发展。立法机关通过在刑法典及单行刑法、附属刑法中增加新罪数量（如由《刑法修正案（五）》增加的妨害信用卡管理罪、由《刑法修正案（七）》增加的利用未公开信息交易罪）、修改犯罪构成要件（如《刑法修正案》对内幕交易、泄露内幕信息罪的修改）等方式将以前的非罪行为拉入“犯罪圈”；刑事司法机关通过在司法解释或司法性文件中降低“入罪”门槛、扩张解释等方式扩大某些犯罪构成要件的外延范围。金融刑法的这种扩张是否合适？理论基础何在？

针对实然金融刑法犯罪化进程，学界的理论研究主要集中在以下几个方面：(1) 在金融犯罪圈设计方面，尽管对于金融犯罪圈的扩大这个事实，学者们都表达了不同程度的担忧，但是，多数观点仍认为现行金融刑法圈并不能满足实践需要。部分学者指出，金融刑法保护不全面：如缺乏对金融活动全过程的刑法保护①，对外国金融机构及交易人员规制缺位②，以及缺少对信用安全的保护③。还有部分学者提出，金融刑法保护不平等，包括重金融秩序保

① 有学者认为现行金融刑法只关注金融准入过程，而对金融交易少有涉及，建议金融刑事立法应做到事先评估、事中化解、事后防范，在刑法分则第三章中增加对金融交易秩序侵害行为的规定，将金融刑事立法的触角延伸到金融活动的全过程，以实现对金融准入、金融交易、金融退出全过程的风险监督和有效控制。参见吕垚瑶：《论我国金融犯罪刑事立法理念的重构》，《辽宁警专学报》2015 年第1期，第6～10页。

② 有学者认为我国现行金融刑法对外国金融机构及交易人员规制缺位，认为在金融全球化背景下，外资金融机构逐步进入国内市场，必然会带入新的价值体系和投资理念，这会使得金融市场运行规则发生全方位的新变化，会出现一些金融市场控制“盲点”，有可能会引发金融市场危机。因此应立足构建全球金融市场的共同法律语言和惩治金融犯罪的普遍性规制。参见尹凤桐、刘远、赵玮：《论金融刑法改革的视域扩展》，《东岳论丛》2007 年第4 期，第 147～150 页。

③ 有学者认为现行金融刑法在防范和化解信用风险方面表现出了明显的不足。其指出信用已成为现代市场经济运行中的一种重要的资本形态，是商业经营者精神财富和生命价值所在，其安全与否不仅影响着金融交易主体的利益也关乎国家的金融安全，域外立法例已有相关规定，但在我国刑法学界却并未受到应有的重视。首先，没有专门针对信用保护的犯罪规定；其次，在金融诈骗犯罪中，也仅将立法焦点放置于对财产性利益的保护，忽视信用安全维护。参见袁林、吕垚瑶、吕昭义：《金融风险防范视野下我国金融刑法创新研究》，《西南政法大学学报》2013 年第6 期，第56～62 页。

护，轻投资者权益保护[①]，以及优先保护金融机构利益[②]。部分学者批评金融刑事立法创新不足，缺乏对新兴融资交易方式的关心与规制[③]，也有学者对现行刑法规定可能阻滞金融创新表达了担忧[④]。（2）在刑罚配置方面，批评的声音主要在刑罚的种类、量刑幅度以及单位犯罪的设计上，包括刑罚的种类单一[⑤]，刑罚幅度档次少，跨度大[⑥]，单位犯罪罚金的标准及认定方法缺乏清晰

① 有学者指出，受半统制半市场化经济体制的制约，我国金融刑法关注的重心一直是扰乱金融秩序，对投资者权益保护缺少足够的关注，这使得类似的行政违法行为因为侵犯的法益不同而受到不同等的认可与对待。参见张小宁：《“规制缓和”与自治型金融刑法的构建》，《法学评论》2015 年第 4 期，第 62～74 页。

② 有学者认为现行金融刑法沿承了金融抑制的老旧思想，出现了严重的“政府俘获现象”，公权力过度资本化，在罪名设置上体现了对金融机构的倾斜性保护。如现行刑法只固定了金融客户欺诈银行的犯罪行为，却未对银行恶意隐瞒、欺诈客户利益的行为做出否定性评价。这种单方面立罪模式，是为了满足金融机构强烈的要求而做的情绪化的规定，缺乏对相关利益的衡量。“高利转贷罪”的设立也体现了刑法对正规金融机构垄断利益的保护以及对民间资本自由借贷的限制。参见吕垚瑶：《论我国金融犯罪刑事立法理念的重构》，《辽宁警专学报》2015 年第 1 期，第 6～10 页。尹凤桐、刘远、赵玮：《论金融刑法改革的视域扩展》，《东岳论丛》2007 年第 4 期，第 147～150 页。

③ 有学者认为金融刑事立法建立在传统金融交易模式之上，缺乏对新兴融资交易方式的关心与规制，无法有效抵御因金融创新带来的风险，从而弱化了金融刑法的风险防控功能。金融创新理念要求金融刑事立法拓宽立法视域，保持对金融创新的高度敏感，尤其对于网络虚拟经济如淘宝交易、网络融资平台等新型交易方式的犯罪手段做出高效的制度回应。参见吕垚瑶：《论我国金融犯罪刑事立法理念的重构》，《辽宁警专学报》2015 年第 1 期，第 6～10 页。

④ 有学者认为互联网金融面临着巨大的刑事风险，不利于金融创新。按照现行刑法，众筹、P2P 网贷、第三方支付平台、余额宝等互联网金融可能涉嫌构成非法吸收公众存款罪、集资诈骗罪、洗钱罪等十余种罪名。非法吸收公众存款罪、集资诈骗罪等罪名的设置如同悬在互联网金融机构头顶的“达摩克利斯之剑”，阻滞了互联网金融企业的创新。参见吴文嫔、张启飞：《论互联网金融创新刑法规制的路径选择——以非法集资类犯罪为视角》，《中国检察官》2015 年第 11 期，第 38～41 页。

⑤ 如张小宁博士通过与日本刑法比较，批评刑罚的种类单一。其认为应在金融刑法中增加“课征金”，为了实现金融刑法理念的衡平，在金融犯罪的制裁方面，民事罚款、课征金、民事损害赔偿等应当限于刑罚。在不得已适用刑罚时，罚金刑应当优先于自由刑，缓刑优先于实刑。参见张小宁：《“规制缓和”与自治型金融刑法的构建》，《法学评论》2015 年第 4 期，第 62～74 页。

⑥ 认为刑罚幅度档次少，跨度大，司法裁量的范围过于宽泛，许多罪名设计的量刑幅度跨度达五年、十年甚至十五年，易造成同罪不同罚的情况。参见袁林、吕垚瑶、吕昭义：《金融风险防范视野下我国金融刑法创新研究》，《西南政法大学学报》2013 年第 6 期，第 56～62 页。

明确的准则[①]以及罪刑失衡[②]。(3) 在立法技术方面，批评的声音集中在法条内容模糊[③]，兜底性条款的过度适用[④]。(4) 多层次多体系立法模式带来弊端。还有学者认为，我国刑法采取的是刑法典、刑法修正案、单行刑法、附属刑法并存的立法模式，伴随着金融形式的不断发展，这种模式支配下的金融刑法逐渐暴露出适应性不强、前瞻性不够、协调性不足、立法逻辑倒置等缺点。有关

---

① 批评的声音主要关乎单位犯罪罚金的标准及认定方法，认为缺乏清晰明确的准则。同时，认为对于单位而言，单一的罚金刑并不足以达到预防和惩治金融犯罪的目的，由于缺失对单位营业资格方面的处罚规定，导致实力雄厚的企业在缴纳罚金之后仍然具备继续犯罪的能力，这使得金融犯罪的单位罚金设计在一般预防上来讲是失败的。与之相对立的观点则认为，应重视刑法解释，以保证刑法的稳定。参见袁林、吕垚瑶、吕昭义：《金融风险防范视野下我国金融刑法创新研究》，《西南政法大学学报》2013 年第 6 期，第 56 ~ 62 页。

② 持此观点的学者认为将证券犯罪和期货犯罪同一视之，无视其破坏性的差别，不够合理。参见袁林、吕垚瑶、吕昭义：《金融风险防范视野下我国金融刑法创新研究》，《西南政法大学学报》2013 年第 6 期，第 56 ~ 62 页。

③ 有学者认为，在“立法宜粗不宜细”的指导思想的影响下，我国刑法中金融犯罪的构成要件一般都规定得比较模糊，带来适用上的麻烦。尤其是引证罪状、空白罪状的运用，常常导致处罚范围不明确。比如内幕信息采用引证罪状的表述方式，“内幕信息的范围，依照法律、行政法规的规定确定”。作者批评道，《证券法》第 75 条给出了内幕信息的法定概念，但对于该概念，学界解读却并不一致，有说三特征，有说四特征，由于证券法中欠缺“准确性”（作者后使用“确定性”一词予以说明）的规定，这使得内幕信息界定范围的宽泛化，体现了我国证券市场发展的“不成熟状态”以及证券法制的“强化管控”倾向。另有学者对金融刑法的罪状设定大多是以数额或情节作为犯罪成立以及犯罪轻重的衡量标准提出了批评，其认为对于多少是“较大”“巨大”“特别巨大”，对于什么样的情节是“严重”“特别严重”并无具体的区分标准。参见张小宁：《“规制缓和”与自治型金融刑法的构建》，《法学评论》2015 年第 4 期，第 62 ~ 74 页；袁林、吕垚瑶、吕昭义：《金融风险防范视野下我国金融刑法创新研究》，《西南政法大学学报》2013 年第 6 期，第 56 ~ 62 页。

④ 持此观点的学者认为，我国金融刑法中设置了大量的兜底性条款，实践中也常见兜底条款被使用的问题，这是中国金融刑法交易规则不明确的表现之一。以内容模糊的兜底条款追究刑事责任的做法与刑法谦抑主义相悖，也违反了罪刑法定主义，其适用理应慎之又慎。参见张小宁：《“规制缓和”与自治型金融刑法的构建》，《法学评论》2015 年第 4 期，第 68 ~ 69 页；何荣功：《刑法兜底条款的使用与抢帽子行为的定性》，《法学》2011 年第 6 期，第 154 ~ 159 页。

现行金融刑法与金融法的衔接问题的批评主要有“有先无后”[①]“无先而后”[②]以及“前后不一”[③]三种声音。(5)对于金融刑法的频繁修改，有学者批评指出，我国金融犯罪在发展中存在明显的攀比现象，同时，由于中国法制传统中的刑民不分以及中国法文化中对“刑”的痴迷与依赖情结，立法者不仅不断地扩大金融犯罪的范围，使刑法的触角向新的金融领域如信托、基金方面延伸，而且还不断加大对金融犯罪的制裁力度[④]。而与之相反的观点却认为，金融刑法修改频繁源自立法前瞻性不足[⑤]。

金融犯罪圈究竟该如何界定？实然金融犯罪圈是否真如学者所言，存在诸

---

① 该观点认为现行金融刑法与相关金融法之间有欠协调。如《反洗钱法》在法律责任的最后——该规定33条——规定“违反本法规定，构成犯罪的，依法追究刑事责任”。然而显然，包括违反可疑交易报告制度在内的多行为在刑法上可能并不能找到适宜的罪名，因为洗钱罪的入罪要求是以行为人“明知是毒品犯罪等所得”为必要条件。这样，对于那些仅违反报告义务而不明知来源的行为则不具有“发动刑罚的可能性”。这种在金融法中先行规定了行为需要追究刑事责任，而刑法中却未有相应犯罪规定及刑事责任设计的情况屡有出现，使得金融法条款陷入有法定却无法依的困境。参见张小宁：《“规制缓和”与自治型金融刑法的构建》，《法学评论》2015年第4期，第62~74页。

② 该种观点认为，在立法上出现了对经济活动领域的一些无序、失范行为，在没有取得规律性认识，没有动用民商法、经济法和行政法手段予以有效调整的情况下，就匆忙地予以犯罪化，纳入刑罚圈的现象，使刑罚的触须不适当地伸入到经济活动的某些领域。如《刑法修正案（五）》新设的妨害信用卡管理罪与窃取、收买、非法提供信用卡信息罪，除“使用虚假的身份证明骗领信用卡的”有行政法规制外，其他情形均无法找到行政法依据。《刑法修正案（六）》新设骗取票据承兑、信用证、保函罪时《票据法》《担保法》《国内信用证结算办法》中均未有内容涉及。对于吸收客户资金不入账行为，《金融违法行为处罚办法》也只规定了金融机构的吸收客户资金不入账的情形，对于个人行为并未涉及。利用未公开信息交易罪的立法设计也存在相同的问题，无论是《证券法》、《证券投资基金法》、《信托法》还是《期货交易管理条例》均无明确禁止性规定，甚至对何为未公开信息均无界定。尽管其后证监会在《基金管理公司投资管理人员管理指导意见》中明确规定了投资管理人员不得利用未公开信息为自己或者他人谋取利益，但这是在《刑法修正案（七）》出台后规定的，是对《刑法修正案（七）》的回应，且同样没有明确规定与其配套的行政处罚措施。这种无“代替刑罚的适当方法”——行政责任的规定，便直接在刑法中予以规定的超前立法行为，颠倒了“非刑责任”立法与“刑事责任”立法之间的逻辑关系。参见胡启忠：《金融刑法立罪逻辑论——以金融刑法修正为例》，《中国法学》2009年第6期，第76~81页。

③ 该种观点认为，金融刑法与金融法（附属刑法）规定不一致，包括对同一罪名的罪状描述不完全一致，以及对同一行为的处罚规定不同。参见袁林、吕垚瑶、吕昭义：《金融风险防范视野下我国金融刑法创新研究》，《西南政法大学学报》2013年第6期，第56~62页。

④ 即便如此频繁的修改，金融刑法仍呈现出要么缺位要么滞后的窘境。参见胡启忠、胡业勋：《金融刑法的控制要强调谦抑原则》，《人民论坛》2010年第29期，第72~73页。

⑤ 有学者指出，金融刑法平均每两年就要进行修订，虽谈不上朝令夕改，但也足以说明其变化过快。金融刑法的频繁修改与解释，一方面说明我国金融犯罪形势严重，犯罪手段、方式、危害性在不断发生变化，同时也说明立法者对金融犯罪抱有坚决处罚的决心。但另一方面也反映出我国金融立法技术不够完善，不能以前瞻性的眼光立法。参见冉妮莉：《完善我国金融刑事立法的思考》，《湖北社会科学》2009年第10期，第152~155页。

多问题？学者们的立法建议是否合理？金融犯罪圈应作何调整？在经济新常态背景下，我国金融刑法如何应对犯罪化与非犯罪化争议？对这一系列问题的回答，必须从金融刑法价值取向、立罪依据、立罪边界等方面展开研究，从而在理论上建构起金融刑法观基本观点，这是金融犯罪圈设定的理论研究基石。任何理论都应为实践服务。

基于上述理由，极有必要在理论上探索金融犯罪圈的应然范围，并通过对实然金融犯罪圈的评估与对照，反思实然犯罪圈偏差的原因，从而最终在金融犯罪圈完善方面提出建设性意见。同时，本研究还可以作为研究经济犯罪的一个突破口。金融刑法与其他经济犯罪一样，都带有明显的法定犯特征，所不同的在于金融市场主体具体权益不同。

二、研究综述

学界针对金融犯罪的研究大多集中于犯罪司法认定层面，有关金融犯罪立法问题研究的专著与论文并不多。

在外国研究方面，对金融立法问题的研究主要围绕犯罪化理论展开，且对金融犯罪的界定多限于洗钱罪，如法国学者迪皮伊·达依的《金融犯罪》①；美国学者马西安达罗的《全球金融犯罪：恐怖主义、洗钱与离岸金融中心》②等。在犯罪化理论研究方面，有学者关注了犯罪化的概念及其内容，如日本学者大谷实的《刑事政策学》③；有学者探究了犯罪化的合法性问题，主要有法律自由主义和法律道德主义两种学说④；有学者研究了犯罪化的标准，如波斯纳提出应以社会财富为功利的计算标准，并主张将标准纳入刑事立法以及司法判决中⑤，帕克教授提出对犯罪化的立法进行效益评价的方法，并提出了犯罪化的六项准则⑥。然而，外国学者对犯罪化的论证基本围绕自然犯展开，如提

---

① ［法］迪皮伊·达依：《金融犯罪》，陈莉译，中国大百科全书出版社 2006 年版。

② ［美］马西安达罗：《全球金融犯罪：恐怖主义、洗钱与离岸金融中心》，周凯等译，西南财经大学出版社 2007 年版。

③ ［日］大谷实：《刑事政策学》，黎宏译，法律出版社 2000 年版。

④ 蔡一军博士在《犯罪化范围的法理分析与展开》一文中对法律自由主义和法律道德主义的观点进行了梳理：法律道德主义认为刑法是对社会道德的保护，社会共同体可以通过刑罚或其他的强制手段推行社会共同体所定义的道德信条。而持法律自由主义观点的学者则否认刑法规制某种行为的道德性基础，认为刑法应注重防止犯罪对个人自由的伤害。参见蔡一军：《犯罪化范围的法理分析与展开》，《法制与社会发展》2010 年第 1 期，第 83～84 页。

⑤ Richard A. Posner. *Retribution and Related concepts of Punishment*, Journal of legal Studies, Vol. 9, Jan. 1980, 71－92.

⑥ Herbert L. Packer. *The Limits of the Criminal Sanction*, Stanford, California: Stanford University Press, 1968, 280－289.

出将社会容忍度作为犯罪化标准之一，在犯罪化理论的探究中并未明确区别自然犯与法定犯，也未有针对法定犯特点设计入罪原则与标准。

在国内研究方面，刘宪权教授有关金融犯罪的一系列论著关注到金融犯罪的立法沿革、犯罪构成、司法认定等各方面，在其与谢杰合著的《证券期货犯罪刑法理论与实务》① 一书中，特别对证券期货犯罪的犯罪化原理进行了探讨。刘远教授关于金融犯罪的系列论著则更偏重对金融欺诈犯罪的立法模式、犯罪化限度及路径、地下钱庄的刑法规制等问题，提出当务之急是对交易型金融犯罪的刑事政策和治理模式从严苛转向宽和，从消极预防转向积极预防；此外《经济刑法立法与经济犯罪处罚》② 以金融违法行为入罪立法为例从入罪依据的困惑、厘定及转化等三方面讨论了经济刑法立罪根据，而《金融犯罪惩治规制国际化研究》③《金融犯罪的全球考察》④ 等则关注到全球化背景下金融犯罪的相关热点与难点问题，并以金融犯罪惩治规制国际化的衡量标准来对照我国现有的立法和司法制度。论文方面对金融违法行为犯罪化的研究更为集中，有学者关注了金融违法行为入罪中存在的法律移植与本土化的问题，如曲伶俐、张霞的《金融违法行为入罪研究》⑤；有学者关注了具体金融行为的犯罪化问题，如黄利红的《“老鼠仓”行为的犯罪化之分析及立法建议》⑥、于志刚的《中国互联网领域立法体系化建构的路径》⑦；有学者对将利益需要作为启动经济刑法立法依据的观点进行了批判，如王安异的《我国经济刑法的立法根据质疑》⑧；还有的学者从刑法介入经济的根据、经济行为犯罪化的原则、标准、限制以及犯罪化模式与途径等方面展开讨论，如万国海的《经济领域犯罪化研究》⑨、宋一虎的《经济违法行为犯罪化立法初探》⑩。

除此之外，金融刑法的核心价值取向、是否应在金融刑事立法中设置抽象危险犯、将法益保护提前或刑事处罚提前，也是风险刑法理论与自由刑法理论

① 刘宪权、谢杰：《证券期货犯罪刑法理论与实务》，上海人民出版社 2012 年版。

② 胡启忠：《经济刑法立法与经济犯罪处罚》，法律出版社 2010 年版。

③ 顾肖荣、倪瑞平：《金融犯罪惩治规制国际化研究》，法律出版社 2005 年版。

④ 刘明祥，冯军：《金融犯罪的全球考察》，中国人民大学出版社 2008 年版。

⑤ 曲伶俐、张霞：《金融违法行为入罪研究》，《中国刑事法杂志》2006 年第 2 期，第 36 ~ 39 页。

⑥ 黄利红：《“老鼠仓”行为的犯罪化之分析及立法建议》，《经济理论研究》2008 年第 10 期，第 122 ~ 124 页。

⑦ 于志刚：《中国互联网领域立法体系化建构的路径》，《理论视野》2016 年第 5 期，第 37 ~ 42 页。

⑧ 王安异：《我国经济刑法的立法根据质疑》，《中国刑事法杂志》2011 年第 3 期，第 47 ~ 53 页。

⑨ 万国海：《经济领域犯罪化研究》，《徐州师范大学学报》2009 年第 1 期，第 89 页。

⑩ 宋一虎：《经济违法行为犯罪化立法初探》，《华东刑事司法评论》2006 年第 8 卷，第 126 ~ 137 页。

的支持者、法益一元论与法益二元论的支持者论证的重点问题。

然而，现有研究存在以下不足：（1）将自然犯的犯罪化理论直接套用于金融违法行为犯罪化问题，未能关注到金融犯罪等法定犯的犯罪化与自然犯的犯罪化之间存在的差异；（2）将入罪依据、原则、标准混同适用；（3）尽管提出了若干犯罪化标准，但缺乏必要的论证；（4）对实然金融犯罪圈缺乏全面的评估。

有鉴于此，本书以金融刑法立罪设计为研究对象，通过对金融刑法价值取向、立罪依据、立罪边界等问题的理论探讨，检视现行金融刑法，从而对金融刑法完善展开思考。

三、基本思路及创新

任何实然立法背后都反映了立法者的基本立场，法条增减存废都体现了立法者刑法观的选择。本书将跳出犯罪构成、司法认定、法条自洽等实然刑法规范角度进行解释的一般经济刑法的研究框架，希望从立法理念角度展开讨论，从而试图确定金融刑法立法的应然立场，构建金融刑法观。这将有助于我们反思刑法，以实现对金融刑法立法实践的指导。

本书主体部分由五部分组成。分别从金融刑法的价值取向、立罪依据、立罪边界三方面入手，试图从理论上构建金融刑法观，再通过对实然金融犯罪圈的检视，利用边界理论提出个罪矫正意见。

在本书的第一章，笔者讨论了金融刑法的价值取向。作为刑法的重要组成部分，金融刑法必然遵循刑法的基本价值要求，同时，作为金融行为的保障法，金融法制体系的一部分，金融刑法又必然有其独特的价值追求，或者说在面对多元刑法价值冲突时所应做的独立选择。金融刑法的核心价值确立实际取决于对下面三个问题的回答：如何看待金融风险？安全价值与自由价值是一种什么样的关系？刑法能否成为防范（金融）风险之良方？不论学者是否实际运用风险刑法或自由刑法理论作为其论证出发点或工具，其基本观点均与上述两个理论存在一致性。因此，笔者借用风险刑法与自由刑法的理论争议，阐述金融刑法以自由为核心价值的观点。在笔者看来，“风险刑法”理论之所以能在当今刑法学界风行一时，正是因为它触及了一个根本性的问题，即现代社会中刑法究竟应当承担何种角色？风险刑法理论强调在风险成为当代社会的基本特征后，刑法逐渐蜕变成一项规制性的管理事务；作为风险控制机制中的组成部分，刑法不再仅仅为报应与谴责而惩罚，主要是为了控制风险进行威慑，威慑成为施加刑事制裁的首要理由。风险刑法理论强调对“安全”价值的追求，因此，刑法的工具性被提到了首位，被赋予了更重的社会管理任务，社会安全需要成为刑法启动的充分条件，这与传统刑法（自由刑法）所强调的权利保障、谦抑之本色大为不同。然而，在笔者看来，首先，以风险社会理论作为风险刑法理论的立论基础并非顺理成章。在风险社会的标志下，安全将不仅是一个与事实相悖的概念，而且还是一个过时的要求。诚然，现代国家可以借助有效的资源——暴力垄断（Gewaltmonopol）来防止其所认为的潜在的危险变为实实在在的损害，但是，首先，这种认知受到了知识的局限而未必全面而确定，同时，更严重的是，这本身就含有对于公民社会自由的严重威胁。其次，安全是一个极其宽泛的概念，基于不同的需求主体，“安全”具有不同的面相。“风险刑法”理论对安全价值的追求，显然更多的是从社会需要层面进行的理解。于是，有关“自由价值”与“安全价值”的讨论似乎又回到了对自由与秩序的二律背反。在转型期的中国当下，刑法更应坚守自由至上的刑法理念。实践证明，化解社会风险化是一项综合、长期又复杂的工程，既考验政府社会治理能力的提高和创新，也有赖于社会民众主体意识的提高，过多地依赖事后惩治只会体现政府社会治理能力的软弱。同时，会更加剧社会精神焦虑。化解社会风险不应成为刑法过度扩张的借口。在笔者看来，处在转型期的中国当下，刑法更应坚守自由至上的刑法理念，坚持平等的价值取向，并在立法时充分考虑效益价值的要求。

在本书的第二章，笔者讨论了金融刑法的立罪依据。就金融刑法而言，其立罪首先应遵循宪法的指引。做到尊重与保障人权，对不同性质经济体平等保护，维护社会经济秩序。其次，金融刑法立法应立足于国家金融发展现实，并回应金融市场发展需要。金融刑法的自由核心价值取向与谦抑性要求以及金融犯罪的法定性特征要求金融刑法的立罪逻辑规则应是“立罪至后”，即在前置法没有规范的情况下，刑法不应介入，在前置法未积累足够经验的情况下，刑法必须保持必要的抽离。为了在短时间内实现“有法可依”，我国在金融立法上普遍采取了法律移植的方法。在学界的研究中域外经验也是重要的研究内容。对待法律移植，必须是审慎而有节制的，必须是建立在详细的调查研究的基础之上，经过充分的论证，在充分考察法系内已有规定及执行配套机制之后，决定取舍。当然，审慎法律移植，不代表不能有效借鉴。这既包括对新兴事物发展可能趋向的关注，也包括对监管制度的吸纳。金融刑法立法应及时回应犯罪化的现实需要，根据情势变化及时调整罪刑设计。学界针对金融刑法创新不足的批评，不论是批评其缺乏对新兴融资交易方式的关心与规制、无法有效抵御因金融创新带来的风险，从而弱化了金融刑法的风险防控功能，还是担忧现行刑法规定可能阻滞金融创新，在笔者看来，都是对金融刑法的过分苛责。对于出现的新情况，在利弊得失缺乏全面评估之前，不宜贸然入罪。在金融全球化背景下，金融刑事立法应体现国家积极履行国际责任的态度，以适应金融犯罪全球化趋势。

本书第三章讨论了金融刑法的立罪边界问题，其设定取决于对金融刑法保护法益范围以及罪量限度等问题的回答。在笔者看来，金融刑法的保护法益归根到底是个人法益，因此，不论是个人的法益，还是所谓的超个人法益，它们在最终的结果上都是为了保障个体具有发展的可能性而服务的。唯一的区别仅仅在于，侵犯个人法益的行为直接损害了某个特定人的发展可能性，而侵犯某种超个人法益的行为则间接地损害了所有人的发展可能性。我国的金融刑事立法呈现出将超个人法益列为首要保护法益，而将个体权益视为次要保护法益的立场。这样的客体规范模式有其合理性。金融刑法保护法益与金融法法益存在一致性与承袭性，换言之，违反制度（秩序）与侵害权利之间必然存在一定的联系：违反某项制度必然造成某项权益的侵害，或者说侵害某项权益一定源于对某项制度的违反。这是法定犯的一般特征。但是，这种"××制度"、"××秩序"以及"制度（秩序）+权益"的客体规范模式背后所蕴含对超个人法益与个体法益保护的主次排序，是值得警惕的。其实质是传统国家本位主义理念下片面强调维护国家金融垄断地位和国家金融管理权。金融管理制度设立的目的首先在于保护公民、法人的个体利益，不损害社会公共利益只是防止权利滥用的前提。金融刑法是针对违反金融秩序这一派生生活秩序行为的刑法规制，其法定犯属性决定了只有在相关金融法规中已对某行为做否定性评价并配置了相应的行政罚时，该行为方可进入刑法领域。金融刑法的保护法益应以金融法保护法益为限。这意味着，金融刑法保护的法益应与金融法法益存在一致性与承袭性，是对金融法法益的选择与缩限。刑法保护法益的选择应注重对金融市场主体合法权益及公共利益的保护。作为金融刑法所保护的"公共利益"，应界定为自由公平的竞争秩序和国民经济利益，不损害社会公共利益只是防止权利滥用的前提，刑法应该保护的仅限于直接关系社会公共利益部分。同时，金融刑法应仅规制严重侵害金融法益行为，这是二元制裁体系下立罪设计的基本要求，刑法作为"一切法律的制裁力量"，其参与金融法律关系保护的基本脉络是：通过对社会关系参加者之间权利、义务的确认，由金融法首先建立起正常的法律秩序，形成第一性法律关系。当出现行为不当行使或者义务不当履行时，方开启法律对社会关系的第二次调整——法律保护。金融刑法与金融法相较，不仅应在客观行为类型上少于金融违法行为类型，在对社会危害程度的要求上，也应高于对金融违法行为的要求。同时，无效果与太昂贵的行为不应入罪，这是金融刑法效益价值的基本要求。

本书第四章对实然金融犯罪圈进行了检视。金融刑法频繁修改、实质性的扩张性解释与由此而导致的金融犯罪圈扩张是不争的事实。但仅就扩大的事实就得出立法上存在问题，是不合理的。立法中的犯罪化与非犯罪化本身并不代表法律的完备与先进程度，是否频繁修改也并非评价立法技术的必然标准。对犯罪圈的扩大或者缩限是否合理的评价应立足于对其合理性的考察，需探究刑法修改的原因，从是否符合金融刑法价值、是否符合金融刑法立罪依据要求以及是否符合金融刑法立罪边界标准等方面入手。在笔者看来，由于国家宏观调控者及金融行业直接竞争参与者双重身份，现行金融刑法存在明显的保护金融管理秩序主义色彩，过度强调对金融管理制度（秩序）的保护，极有可能导致金融犯罪圈的不当扩大，使公权肆意干涉私域成为可能。同时，一味强调金融刑法的目的在于对金融秩序的保护，极易使刑法蜕变为执行金融管理法的强有力的手段，使刑法丧失其独立的部门法立场，成为行政法的附庸。因此，应坚持公民、法人的个体利益的第一性保护地位，将不损害社会公共利益限定为防止权利滥用的前提。针对法律制定和修改过程中的官僚化倾向以及权力博弈导致的金融刑法明显带有保护金融机构色彩问题，笔者提出，金融刑法调整领域具有高度的专业性和技术性的特点，其制定与修改需要刑法学家、金融法学家以及金融市场各权利主体的参与。刑法学者对刑法谦抑性的坚守，金融法学家对金融自由的强调以及金融市场参与者对权利的诉求可以有效对抗金融主管部门主导立法的部门利益偏向。现行金融刑法还存在着片面的刑事规制主义问题，并未完全与金融法相衔接，导致的刑事审判与刑罚处罚的正义性就大打折扣。金融刑法从结果评价向行为评价的转向以及隐性的重刑主义同样值得关注。

本书的最后一章，立足于金融刑法的实然规范，具体阐述笔者对现行金融刑法的一些思考。所涉内容仅针对笔者认为现行刑法法条中有迫切修改必要的。在笔者看来，由于侵害法益之缺失以及除罪化的利益衡量，高利转贷罪应做非罪化处理；通过对非法吸收公众存款罪现行适用场域的考察，可以看出非法吸收公众存款罪立罪背景已发生了巨大变化，建议将如实陈述吸收公众存款自用行为应作非罪化处理；骗取贷款、票据承兑、金融票证罪的保护法益应限于金融资金安全，“欺骗”行为不应成为独立的入罪评价标准，骗取贷款、票据承兑、金融票证罪应以损失结果的发生为成立要件。

在论证过程中，笔者运用了风险社会及风险刑法理论、社群主义与自由主义观点、法益理论等，从理论上建构了金融刑法观，并将其作为检视实然金融刑法圈的理论工具，最终提出若干完善意见。这是本书的创新之处。

四、研究方法

（一）文献研究法

本课题在大量阅读风险社会、风险刑法、法学基础理论研究、金融行为犯罪化研究、金融法研究以及经济发展研究等方面的国内外研究成果的基础上，对金融刑法的价值、犯罪化依据、入罪标准等基本问题展开研究。

（二）比较分析法

通过国内外刑法理论以及金融犯罪化理论的比较，发掘二者的合理内核，探究新时期金融刑法的基本问题，为确定金融犯罪圈的基本范围提供理论支撑。

（三）实证分析法

通过对立法、法律解释及司法适用情况的实证分析，关注金融刑法立法实践中存在的问题，如入罪必要性以及法律解释与法条的契合度。

第一章　金融刑法的价值取向

刑法的价值取向是一个古老的话题，其关涉到刑事立法与法律运作等诸多方面。美国学者庞德就曾指出，价值问题虽然是一个困难的问题，但它是法律科学所不能回避的，即使是最粗糙的、最草率的或最反复无常的关系调整或行为安排，在其背后总有对各种互相冲突和互相重叠的利益进行评价的某种准则。[①] 在法律史的各个经典时期，无论在古代还是在近代世界里，对价值准则的论证、批判或合乎逻辑的适用，都曾是法学家们的主要活动。立法是一种制度设计，出于不同的价值追求，其立法设计会大相径庭。

价值，意指客体的存在属性及变化同主体的结构、需要和能力是否相符合、相一致或相接近的性质。主体需要，是价值分析的逻辑起点。在政治国家与市民社会的二元社会结构中，主体包括个人与社会。在对不同主体需要分析的基础上，有论者以西方社会法律制度的三大基本价值“秩序、公平、个人自由”[②] 来概括现代刑法价值；也有学者主张“自由、平等、安全”[③]，还有学者提出“刑法作为特定意义上的一种法，具有法的共同价值，同时，又具有特殊的价值，即公正、谦抑、人道”[④]；新近风行的风险刑法理论倡导者们在承认自由、秩序等刑法价值的基础上，更为强调刑法的核心价值是安全。显然，由于主体多重性以及其需要的多重性，刑法价值本身也具有内容上的多元性，这是刑法学界的共识。

然而，多元的刑法价值之间往往会有冲突。当多元价值之间出现对立时，应如何确定其位阶，如何做出公正的价值选择，是刑法学界无法回避的问题。这不仅会影响刑法的基本走向，从微观角度说，也会直接影响断案基本理念。当赖以界定行动目标的价值理性缺乏客观公认的准则，而工具理性又充分发

---

① ［美］罗·庞德：《通过法律的社会控制》，沈宗灵、董世忠译，商务印书馆1984年版，第55页。

② ［英］彼得·斯坦、约翰·香德：《西方社会的法律价值》，王献平译，中国法制出版社2004年版，第2页。

③ ［美］博登海默：《法理学：法律哲学与法律方法》，邓正来译，中国政法大学出版社1998年版，第296页。

④ 陈兴良：《刑法的价值构造》（第二版），中国人民大学出版社2006年版，第226～422页。

达、手段强悍时，刑法对社会的破坏将是史无前例的。

金融刑法作为刑法的重要组成部分，必然遵循刑法的基本价值要求，同时，作为金融行为的保障法，金融法制体系的一部分，金融刑法又必然有其独特的价值追求，或者说在面对多元刑法价值冲突时所应做的独立选择。在笔者看来，金融刑法的特殊价值在于自由、平等、效益。

第一节　金融刑法的核心价值——自由

一、自由还是安全——有关金融刑法核心价值的争议

（一）金融刑法核心价值的争议

在金融刑法的研究中，直接以刑法价值为研究对象的文献并不多，但从相关文章的论证过程中，可以明显地看出学者在金融刑法的核心价值上的不同倾向，其中颇具代表性的，有如下观点：

1. 金融刑法的核心价值是金融安全

学者从多个角度论证了金融刑法的核心价值。

（1）从刑法机能角度论证了金融刑法应以金融安全为保护核心，其指出：金融风险是影响金融安全的一个重要因素，当金融风险积聚到一定程度并发生恶性连锁反应时就会爆发金融危机，因此，应从金融风险防范的角度审视我国金融刑事立法在抵御金融风险方面的诸多缺陷，作为金融风险防范的最后一道制度屏障，金融刑事立法应从加强金融风险防范的功能出发。①

（2）从金融安全形势的现实需要论证金融刑法的核心价值。如有论者指出“金融安全应当成为金融刑法的价值首选”。其理由是，刑法保护金融安全合乎现实的需要：金融安全关系到国家和社会重大利益。金融风险具有广泛的扩散性、被动的输入性和快速的传染性等特点，因此，开放经济条件下的金融系统需要特殊的保护，而在这一方面，中国的金融安全形势不容乐观。② 还有论者从“我国金融体制深刻变革的需要”以及打击需要的角度，强调金融刑法安全价值的核心地位。其认为，现代经济发展中，最大的风险往往是金融危机，近年来，我国金融领域的违法犯罪行为严重，大要案频发，影响恶劣，严重损害了人民群众的合法权利，阻碍了国家金融政策的实施，破坏了国家金融

① 袁林：《金融风险防范视野下我国金融刑法创新研究》，《西南政法大学学报》2013 年第 6 期，第 56 ~ 57 页。

② 董秀红：《金融安全的刑法保护》，法律出版社 2015 年版，第 14 ~ 37 页。

秩序，危及国家金融安全，影响社会稳定。为了维护金融稳定和安全，就必须依法严厉打击金融领域的违法犯罪行为。因此，金融刑事立法应根据新情况不断调整，提高一些金融犯罪的法定刑，以争取体现罪责刑相适应原则。①

（3）风险刑法的金融风险应对的逻辑结果。对金融刑法安全核心价值论及最多的，还要属风险刑法的倡导者。其基本的研究逻辑是：“我们现在所处的这个社会，风险真可谓无所不在，天灾人祸时时困扰着我们。”“自加入到世界一体化进程后，中国社会除了受到全球风险社会中的风险浪潮搏击，具有全球风险中的一般风险特征外，还存在着具有中国特色的诸多自我特征。经济成就的辉煌无法遮蔽各种社会问题的集群性爆发……今天的中国已经充满着各种各样的社会风险。”“中国社会已进入风险社会。”在这样的社会认知背景下，以人权保障和社会保护为核心的传统刑法观遭到各方面的苛责，认为其无法胜任保障社会安全之责，要求重新定位刑法观，提出风险刑法的价值中心逐渐转变为以维护社会秩序为重心。在这样的思想指引下，“风险刑法”理论被运用于经济犯罪、食品安全犯罪、基因犯罪、环境安全犯罪、毒品犯罪、交通犯罪、法人犯罪等多领域的讨论中，涉及立法、司法适用以及犯罪防控与治理等多个方面。《刑法修正案（五）》中增设妨害信用卡管理罪被认为是刑法对如何规制“风险社会”中风险的回应。有学者如此论断：随着“风险社会”的到来以及新型安全需要的扩展，刑法日益关注风险控制，并因此出现了犯罪形态结构由自然犯占绝对优势转向法定犯占绝对优势的变化。②

2. 金融刑法的核心价值是自由

（1）刑法本身的核心价值推导。有论者提出风险刑法要以自由为基本的价值取向，立足于人权保障，合理地划定犯罪圈，以此来避免风险刑法在刑事立法扩张上的可能不足和危机。③ 还有论者通过对风险刑法理论的质疑来完成其对刑法自由核心价值的坚守。④

---

① 赵德刚：《我国金融安全刑法保护的立法现状分析》，《武汉公安干部学院学报》2009 年第 1 期，57 页。

② 利子平教授在《风险社会中传统刑法立法的困境与出路》一文中指出风险社会的到来，要求刑法由传统的罪责刑法向风险社会中的安全刑法转变。作为后发型的发展中国家，面对与日俱增的金融风险，需要刑法及时地予以调整，以有效应对风险社会中出现的新情况、新问题。利子平：《风险社会中传统刑法立法的困境与出路》，《法学论坛》2011 年第 4 期，第 26 页。

③ 孙道萃：《风险社会与风险刑法：立场与调试》，《中国公共安全》2011 年第 2 期，第 114 页。

④ 黎宏：《对风险刑法观的反思》，《人民检察》2011 年第 3 期，第 16 ~ 20 页；刘艳红：《“风险刑法”理论不能动摇刑法谦抑主义》，《法商研究》2011 年第 4 期，第 26 ~ 29 页；于志刚：《“风险刑法”不可行》，《法商研究》2011 年第 4 期，第 33 ~ 36 页；张明楷：《“风险社会”若干刑法理论问题反思》，《法商研究》2011 年第 5 期，83 ~ 94 页。相关论述将在下文中着重展开。

（2）经济刑法的保护法益是经济自由。有论者从经济刑法保护法益应当是经济自由的角度上论证了经济刑法的自由价值取向。其认为我国经济刑法“肥大化”是“半市场半统制过渡经济体制”和“政府主导经济发展模式”投射于刑法的结果。在自由经济社会，经济犯罪的法益应当是经济自由，但在国家经济管制的背景下，经济刑法的范围最终是经济自由与经济管制调和、平衡的产物。①

（3）安全只是金融刑法的功利目的，自由才是刑法的最终目的。有论者从金融刑法的实践效益角度指出，刑法对金融安全的保护主要出于功利性的价值选择。刑法在金融安全领域适用过程中存在国家利益与个人自由矛盾的尖锐性和协调的困难性。作为和平与安全的外在支撑，刑法的功利价值表现得非常出色，但是要达到实现正义的终极目的，相对温和的刑法公正（自由）价值需要得到淋漓尽致的发挥。②

（二）争议焦点

究竟何为金融刑法的核心价值？是安全，还是自由？学者们的争议主要基于对下面几个问题的不同回答。

第一，如何看待金融风险？其属于风险社会理论研究范畴中的风险吗？

第二，安全价值与自由价值是一种什么样的关系？

第三，刑法能否成为防范（金融）风险之良方？

不论学者是否实际运用风险刑法或自由刑法理论作为其论证出发点或工具，其基本观点均与上述两个理论存在一致性。实际上，“风险刑法”理论之所以能在当今刑法学界风行一时，正是因为它触及了一个根本性的问题，即刑法在现代社会中究竟应当承担何种角色。风险刑法理论强调在风险成为当代社会的基本特征后，刑法逐渐蜕变成一项规制性的管理事务③；作为风险控制机制中的组成部分，刑法不再仅仅为报应与谴责而惩罚，更主要是为了控制风险进行威慑，威慑成为施加刑事制裁的首要理由。风险刑法理论强调对“安全”价值的追求，因此，刑法的工具性被提到了首位，被赋予了更重的社会管理任务，社会安全需要成为刑法启动的充分条件，这与传统刑法（自由刑法）所

① 何荣功教授在其系列论文及专著中均表达了刑法以自由为核心价值的观点，详见何荣功：《经济自由与经济刑法正当性的体系思考》，《法学评论》2014 年第 6 期，第 56 页；何荣功：《经济自由与刑法理性：经济刑法的范围界定》，《法律科学》2014 年第 3 期，第 44 页；何荣功：《自由秩序与自由刑法理论》，北京大学出版社 2013 年版。

② 康均心、李娜：《金融安全刑法保护的价值思考》，《江南社会学院学报》2008 年第 3 期，第 1 页。

③ 劳东燕：《公共政策与风险社会的刑法》，《中国社会科学》2007 年第 3 期，第 128 页。

强调的权利保障、谦抑之本色大为不同。笔者将在下文中，借用风险刑法与自由刑法的理论争议，试图揭示金融刑法的核心价值。

二、争议焦点的理论基础

（一）风险刑法与自由刑法的理论之争

对于中国，“风险刑法”理论是个舶来品。“风险刑法”一词最早由德国刑法学家普里特维茨（Prittwitz）在其1993年出版的专著《刑法与风险》中提及，其指出“风险刑法是一种目的性刑法，从传统对恶的不法评价发展至以危险性作为刑法对象，所谓目的应理解为风险的最小化，并设计透过行为操控为法益保护（或规范稳定）的功能”①。其后，随着风险社会理论研究的深入与推广，在德国刑法学者乌尔斯·金德霍伊泽尔、乌尔里希·齐白等人的推动下，风险刑法理论（又称安全刑法理论）逐步被建构起来。

1.“风险刑法”理论的基本架构

乌尔斯·金德霍伊泽尔教授认为，在西方工业国家的经济、社会、技术和医疗结构高速改进过程中，它的社会肌体对混乱的抵抗力完全丧失。社会的安全系数被现代化自身不断演化的逻辑所逾越，社会的安全阀随着现代化程度的不断提升而不断脆化。这导致社会存在疾病，呈现出“常态的混乱”，即“风险存在的社会必然性”。风险社会的概念核心是西方工业国的发展逻辑，这要求应在社会整体反思过程中重新定位科技进步与文明发展的整体协调互动关系，促使科技决策权回归社会。金德霍伊泽尔教授认为，之所以人们认为当今的社会处于风险社会，其决定性因素在于工业社会带来的跳跃性直觉以及个体性决断，由其二者带来的伤害不仅会对社会生活产生巨大影响，而且也使人们在混乱来临之前就已经产生了恐慌，即“被作为社会生活结构和国家安全的决定性元素——不安”。在这一背景下，金德霍伊泽尔教授对风险社会中刑法如何创造社会安全展开讨论，提出观点：在风险社会中，犯罪“不是以导致什么样的具体损害作为实施制裁的前提条件，而是以没有促使安全状态的形成或者阻止这类犯罪的步伐来表述的，它不是一个具体的损害，而是一种慌乱不安”。今天的刑法不仅是对侵害的反应，而且它还有这样的任务：使保障社会安全的基本条件得到遵循。因此：（1）为了保障安全，应将危险犯作为风险社会刑法的核心，将制裁作为规则中的关键因素。“从社会安全的角度来观察，立法者应将刑法的防卫线向前推置”，应该在那些具有特定危险特征的人

---

① 林宗翰：《风险与功能——论风险刑法的理论基础》，台湾大学法律系研究所2006年度硕士学位论文，第53页。

进入社会之前考虑到是否对他采取了一些必要的安全保障措施，从而保障他本人、其他社会成员，进而保障社会整体安全目标，惩罚不是刑罚的主要目的，而是为了让目睹的观众引起重视，以警示他人不要效仿这样的行为，起到警示的作用。（2）应实现从罪责刑法向安全刑法的理念转变。罪责刑法包含两层含义。第一，规则先导，即当且仅当行为人违反规则、没有遵循规则的情况下致使特定事件发生方追究责任。第二，错与罚的度相适应，而非后果与度相适应。但是，在风险社会中，一个行为所导致的后果有多大，往往是难以预料的，可能会产生潜伏很久的危险或风险，该危险的发作可能会因第三者的过失导致爆发，造成严重的后果，这一切后果都加到第三者身上是不公平的。因此，为了能在这个风险社会当中获得安全，刑法必然要走出罪责刑法的界限，对一些特定的情况施加一些并非依据罪责的反应。这种反应针对的仅仅是犯罪人的危险性而不是他的责任。安全刑法不是为了对具体的伤害实施制裁，而是期望能够避免社会混乱。（3）刑法的核心价值是安全。安全需求是人的基本需求。安全的概念是与风险的概念相对应的，安全就是风险的缺位。在今天这个高技术社会中，不可能存在绝对的安全，每个人的生活领域被确定为：应该有安全保障的领域，因此每个人在进入高风险领域的时候，必须遵循当时的安全条件。（4）刑法针对的对象不再是侵害，而是风险。风险概念取决于自然—社会科学的社会认知状态，其包含了整个认知过程，既有对人和事物的外部特征的知觉，又有对人的个性特征和事物本质的了解及对人的行为和事物发生原因的判断过程的解释。（5）刑法在现代法治中是最重要的组成部分。现代国家更习惯于充当一个理性的观察者，一个引导性的角色，所以保障人类安全、和谐的共同生活是刑法的主要任务。（6）从“法治国”向“安全国”的飞跃是社会发展的必然趋势，也是社会存在的基础。在“法治国”中，刑法的任务是突出保障法的安全性，以限制公民个人自由实现保障群体成员自由，将维护人的尊严和自由置于核心地位。而在“安全国”中，刑法任务更突出的是安全性，既包括社会成员个体安全，也包括社会国家整体安全。社会表现为一种安全制度或安全秩序，刑法通过对行为方式的特别规定来预防危险的发生，保障社会成员生活在一个安定、和谐、团结的环境中。（7）刑法的变动应该“在不限制自由法治”“不背弃基本的自由法治的本质特征的前提下，对刑法‘监督机器’进行必要的革新”，“借助于一个深思熟虑的、科学的、安全的以及道德反思性的犯罪政策去限制那些令人唾弃的、种类繁多的惩罚”。要警惕刑法被界定为“最有效的降低干扰的工具”的观点，因为其将直接导致刑法毫无节制地扩张。刑法并非是“解决所有风险社会的一切领域里所潜伏的并且不断增多的安全问题的最恰当的手段”。作为一个最基本的社会规则体系，刑法对社会的稳定来讲永远是非常重要的，但是它不能更好地促进发展，意味刑法仅仅应该是一个辅助性规则体系。[①]

乌尔里希·齐白教授则关注到世界风险社会的影响，指出全球社会、风险社会和信息社会之变革与刑法的范式转换息息相关，并且对世界上所有国家传统上的国家刑法构成了根本性的挑战，这要求提供用以解决国家法律和超国家法律之间关系的方案以及要求创立用以实现刑法的两个核心目标——即安全与自由——之间平衡的新机制。（1）考虑刑法的趋同、延伸和去边界化的问题。技术上、社会上、经济上、文化上以及政治上的诸多变革已经在过去几十年中大力推进了国际交流进程，这尤其体现在通讯、交通、金融交易与贸易领域里。于是，有组织犯罪分子几乎总是以跨国方式实施犯罪，在全球性非法市场中实施犯罪。传统的民族国家法律的适用范围只受限于其本国领土。如果活动于国际范围的犯罪分子与受限于本国的刑法制度之间的现有矛盾解决不掉，那么刑法就不能完成其保障自由的任务。（2）风险社会的发展对刑法而言导致以下后果：①在主观认知层面上，公民对犯罪的恐惧感日益增加，人民期待着国家应对新型风险以确保安全。②在刑事政策上，要求刑法的范式转换：刑法的镇压性功能不断地向预防性功能发生转变。在一个总体性安全法中，刑法、警察法、情报法、移民法、战争法以及其他法律领域之间的界限出现模糊。（3）应遵守特定的刑法保障措施，在一个以预防为导向的刑法范围内，应研究以抽象危险犯的形式出现的预备犯罪在多大程度上是合法的。（4）还应考虑到的是，刑法之外的预防措施可能比刑法上的规定还要有效得多。通过技术上、组织上与经济法上的这些预防措施，人们应当将刑法从其不能完成的任务以及无端施加的任务中解脱出来。巧妙地使用这些替代方式，其效果往往好于单纯地使用刑法，而且与纯粹的严厉刑法相比，对公民自由权利的侵犯也轻微许多。[②]

伴随“风险社会”及“风险刑法”理论的引入与推广，“风险刑法”也逐步成为了国内刑法学界的研究热词。“风险刑法”理论的支持者们有意识地在“风险社会”理论中找寻“风险刑法”的正当性理由，借鉴或引用上述教授的观点和思路，试图建构起中国“风险刑法”范式：（1）由工业社会自身系统制造的危险使得风险成为社会的主题，当代中国社会性风险凸显，诸如毒品泛滥、艾滋病扩散、恐怖活动、社会性冲突等问题。随着中国社会利益不断多元

---

① 薛晓源：《法治时代的危险、风险与和谐——德国著名法学家、波恩大学法学院院长乌·金德霍伊泽尔教授访谈录》，《马克思主义与现实》2005 年第 3 期，第 25 ~ 37 页。

② ［德］乌尔里希·齐白：《全球风险社会与信息社会中的刑法》，周遵友等译，中国法制出版社 2012 年版。

化，贫富差距不断扩大，集体行动的、非理性的社会冲突的发生可能性日益提高，整个社会面临的社会冲突日益现实化且呈现不断升级的趋势，“中国已步入风险社会”。面对难以预料的社会风险，国家理应承担起更多的风险管理的任务，控制风险以安抚公众成为现代社会压倒性的政治需要。而刑法，作为社会管理的天然利器，作为法秩序共同体安全的最有力保护者，理应对“风险社会”作出回应，进行必要的革新，“今天的刑法不仅是对侵害的反映，而且它还有这样的任务：使保障社会安全的基本条件得到遵循”①。“无论人们对刑法的权利保障功能寄予多大期望，在风险无所不在的社会中，刑法的秩序保护功能注定成为主导。现代国家……更需要通过有目的地系统使用刑法达到控制风险的政治目标……公共政策借此大举侵入刑事领域也就成为必然现象。它表征的正是风险社会的安全需要。在风险成为当代社会的基本特征后，刑法逐渐蜕变成一项制度性的管理事务。”② 风险成为塑造刑法规范与理论的重要社会力量，刑法保护要求普遍化。（2）风险带来的不确定及难以评估的后果使得人们对安全的渴望非常强烈，“希望现代法治能够救赎人类。复杂多变的风险社会现实，使人们把安全价值看得重于一切。刑法作为底线法，它调整的是最严重的、社会最不能容忍的危害行为，用刑法规制风险是风险社会下人们获得安全利益的必然选择”③。刑法从个体安全需要出发应成为治疗人类社会焦虑症的良药。（3）风险社会理论认为第一次现代化所提出的用以明确责任和分摊费用的一切方法手段，如今在风险全球化的情况下将会导致完全相反的结果，即有组织的不负责任，因此，为了防范风险制造人利用“有组织的不负责任”的机会主义，制造法律所不容许的风险而不被处罚的现象一再发生，刑法必须找到承担责任的主体，只要其亲身参与了风险制造的过程，即便其对危害结果之产生没有故意甚至没有过失亦应承担该行为后果，据此，传统刑法的责任主义遭到质疑，提出应向负责主义转换。④（4）在风险社会中，风险不再是可计算、可控制的，风险的不确定性表明风险行为造成的是不确定范围的法益损害，因此无论在客观上或主观上对于法益侵害的内容和范围都难以控制和认定，导致法益内涵漫无边际，具有高度的不确定性。据此提出否定法益，

---

① 郝艳兵：《风险社会下的刑法价值观念及其立法实践》，《中国刑事法杂志》2009年第7期，第17页。

② 劳东燕：《公共政策与风险社会的刑法》，《中国社会科学》2007年第3期，第126～139页。

③ 刘伟：《风险社会语境下我国危害食品安全犯罪刑事立法的转型》，《中国刑事法杂志》2011年第11期，第30页。

④ 王立志：《风险社会中刑法范式之转换——以隐私权刑法保护切入》，《政法论坛》2010年第2期，第87页。

从法益保护到风险防范理念的转变。[①]（5）在以风险作为主要特征的社会中，风险在被不断的复制和扩张中甚至已经开始侵入到人们的日常生活，刑法必须在这种风险具有实现的可能前做出合理的反应。故而提出有必要将刑法的防卫线向前推置，刑法的中心应当以危险犯为主。[②]（6）从打击犯罪角度出发，宜设定刑事推定立法，通过及时调控刑事司法程序中控辩双方的证明防线、标准以及程度等方式，以应对可能出现的现代社会风险性犯罪证明难度与控诉方证明能力比例失调问题。[③]（7）契合了客观存在的立法现象。自工业化时代以来，各国的刑法立法基本上都是沿着“风险刑法”理论预设的轨道在前进。在国外，刑事立法出现了两种倾向：“一是刑法干预的普遍化，主要是通过指定一系列的包含有刑罚处罚的法律规定，将许多抽象的法益纳入刑法的保护范围。二是刑法介入的早期化，主要是指将刑罚的处罚阶段提前，立法采取增加危险犯的规定，未遂犯、预备犯的处罚由例外向一般发展，将预备行为、未遂行为作为既遂犯处罚等。”[④]而自1997年刑法修订以来，刑事立法透露出的新动向在客观上也起到了为“风险刑法”理论提供实践依据的效果。基于上述理由，“风险刑法”理论的支持者主张，“风险刑法”弥合了传统刑法的诸多尴尬困境，是对风险社会的及时且有力的回应，是责任刑法向“风险刑法”转向的前提，在“风险社会”里，刑法的规制必须前置，同时，刑法反应的目的从矫正转向预防，反应的依据从客体实害转向个体危险。具体而言，即法益抽象化、行为拟制化、刑罚前置化、罪责功能化、预防积极化。

2. 对“风险刑法”理论的反思与质疑

然而，伴随着风险刑法理论的兴盛与推广，质疑声也越来越强烈。

黎宏教授认为，在我国当前的风险刑法研究中，存在一些误解，夸大其词以及过激的倾向，包括（1）“风险”泛化倾向——“风险社会理论”中的风险是指“一种混合了现代政治、伦理、媒体、科技、文化以及人们的特别感知而形成的，针对现代文明制度、科技发展所带来的社会、生态风险”，而我国刑法学者有关风险的理解则常与“危险”相等同，认为只要行为威胁到社会安全，就属于“风险”，这与国外学者的理论有较大的差别；（2）颠覆传统刑法观的倾向——从一般的立场来看，当代的风险刑法观全盘否定了现行的罪责刑法的观点，提出全面放弃刑法的谦抑性和最后手段性，从事后应对的刑法

---

① 康均心、申纯：《刑法修正案（八）的六大理念转变》，《人民法院报》2011年5月25日第6版。

② 赵书鸿：《风险社会的刑法保护》，《人民检察》2008年第1期，第42~45页。

③ 王振：《坚守与超越：风险社会中的刑法理论之流变》，《法学评论》2010年第4期，第70页。

④ 黎宏：《结果无价值论之展开》，《法学研究》2008年第5期，第109页。

转变为事前预防的刑法，从保护法益的刑法转变为保护公民安全感的刑法，从出发侵害法益行为的刑法转变为违反法规范行为的刑法；（3）偏离我国刑事立法模式的倾向——我国传统刑事立法模式是"行为+结果（或情节）"的结果本位模式，以区分刑事处罚与行政处罚，这不同于德国或日本等国的"行为本位"——刑事与行政对某一具体行为通常不兼管的立法模式，因此，对于刑法中增设危险犯、未遂犯、预备犯等在观念上以及具体操作上都并不那么容易，需要考虑到与相关罪名的协调问题。①

刘艳红教授在《"风险刑法"理论不能动摇刑法谦抑主义》一文中指出，"风险刑法"理论是反法治的，在"风险刑法"理论"泛风险"观念的影响下，将会导致刑法处罚范围的不断扩大，最终导致"全面风险化"——即站在风险防范的立场上对刑法中几乎所有的犯罪（包括危险犯与传统实害犯）都提倡进行提前处罚。"风险刑法"理论提出以"危险犯"为刑法核心，摈弃传统"罪责刑法"的立罪评价体系，改之以"犯罪人的人身危险性"，其以防范风险为目标，将引发"慌乱不安"的因素视为犯罪，而不再以法益侵害作为犯罪的必备构成要件，这些做法将导致出现极端的行为无价值和刑法的伦理主义结束。"风险刑法"理论家们将刑法作为一种社会控制的工具，这必然会带来刑法本身的消解，如果一味地扩大刑法的处罚范围，那么就意味着国家刑罚权利的扩大而公民个人自由权利的缩小，刑法将不再是善良人的大宪章，也不是犯罪人的大宪章。②

于志刚教授则首先剖析了"风险刑法"理论对我国刑法理论研究产生巨大吸引力的原因：从外部看，在我国当前社会转型不断深化，刑事立法活动持续活跃的背景下，"风险刑法"理论的某些主张无论是对立法者还是司法者来说都具有极大的吸引力；从内部看，"风险刑法"理论作为一种规范体系也基本能实现逻辑的自洽。然而，需要警惕的是，"风险社会"理论并不能当然地推导出"风险刑法"理论，刑法的正当性需求限制了"风险刑法"理论的存在空间，刑法的最后法的特点淡化了"风险刑法"理论的机能发挥；"风险刑法"理论是解释性的理论而非建构性的理论，我国近年来刑法规范存废的背后都有着很多复杂的个性化的考量因素，甚至是直接源于某些偶发性的社会重大事件，过于看重"风险刑法"理论容易造成对司法者的"挤压"效应而形成某种舆论压力，从而有害人权保障。③

---

① 黎宏：《对风险刑法观的反思》，《人民检察》2011 年第 3 期，第 16～20 页。

② 刘艳红：《"风险刑法"理论不能动摇刑法谦抑主义》，《法商研究》2011 年第 4 期，第26～29 页。

③ 于志刚：《"风险刑法"不可行》，《法商研究》2011 年第 4 期，第 33～36 页。

张明楷教授对“风险刑法”理论的质疑则更为具体，其撰文专门针对“风险社会”刑法立法根据、刑法处罚范围、刑法违法根据、刑法责任根据等问题做了分析：（1）针对将“风险社会”理论作为刑法立法社会真实背景根据的观点，其反驳的观点是“风险社会”是文化或治理的产物，大众之所以认为所谓的人造风险增加，主要源于人文社会科学的滞后以及心理、社会、文化、体制、宣传等诸多因素而导致的愤怒与焦虑，不能将“风险社会”本身当作刑法必须作出反应的社会真实背景。（2）针对“风险刑法”理论提出扩大处罚范围，将刑法的防卫线前置，以保证社会共同体的风险最小化或者没有风险的观点，其反驳的观点是，并非所有风险都是刑法关注的对象，为了发展，人类必须在风险中权衡利弊。权衡的结果是，社会中存在大量被允许的危险。一些国家扩大刑法处罚范围的做法并不与“风险刑法”理论有着必然的联系，就许多风险或危险而言，采取其他措施预防可能比单纯的法律禁止更为有效，刑法保护早期化是刑法过度介入社会生活的表现，不利于保障公民人权。（3）对于风险刑法学者大多有否定法益概念的倾向，其反驳的观点是，既然风险具有高度的不确定性，这意味着人们很难通过某种行为推导其造成实害结果的可能性以及实害结果的具体形态，那么刑法又如何能实现有针对性的预防？实践中法益范围变化的情形并非与“风险社会”有密切的关联。通常违反规则的行为即为侵害法益的行为，国家是为了保护法益而根据生活经验制定规则，刑法规制的目的是为了保护法益，应坚持结果无价值论。（4）针对风险刑法提倡严格责任，认为在风险社会中，要完成从责任主义向负责主义的转换的观点，张明楷教授指出，严格责任在英美等国也常受到批判。严格责任将行为人当作工具，而没有尊重行为人的人格，使人们不敢从事有价值的社会活动，同时，其他较不严厉的措施在提供严格责任所能带来的安全上也是行之有效的。替代责任、严格责任、法人责任本就是英美等国中违反责任主义的现象，与风险社会无直接关联。①

显然，排除国内刑法学界对“风险社会”概念不加甄别、不加限制地采用“拿来主义”、假“风险社会”之名发表的见解，对风险刑法（安全刑法）及其与传统刑法（自由刑法）的关系，目前主要是两种针锋相对的观点：一种明确认为风险刑法（安全刑法）必然取代传统刑法（自由刑法），而另一种与上述论说明显构成对照甚或批判，即“风险刑法”（安全刑法）不可行。尽管也有学者提出第三条路径，即认为在对秩序（或称安全）、公平、自由这三者进行平衡、调和之时，需结合社会的实际需求有所侧重，在危机、混乱和不

---

① 张明楷：《“风险社会”若干刑法理论问题反思》，《法商研究》2011 年第 5 期，第 83 ~ 94 页。

稳定时期，安全可能被更多的关注，自由和平等则可能受到限制和削弱，在和平稳定时期，自由和平等则可能受到更密切的关注。而在当今风险社会中，对安全的追求毫无疑问更加迫切，因此在价值序列中应被施以更多的关注。显然这种观点在风险社会的语境下最终导向风险刑法观。于是，风险刑法（安全刑法）与传统刑法（自由刑法）在支持者与反对者的争议声中变成了两列背道而驰的列车，渐行渐远。

（二）选择“风险刑法”还是“自由刑法”

在刑法立法中是更多地采用“风险刑法”理论的主张还是坚守传统刑法权利保障、谦抑之本色，可能是立法者今后不得不面临的一项政治抉择。而对这一问题，也许我们可以通过下面的讨论找到答案。

1. 刑法的立论基础

作为出发点，我们应该记得，各种法律理论都建立在固有的权威理论之上。

“风险刑法”理论的倡导者基本上都用“风险社会理论”来标定自身理论的合理性，以风险社会是一个真实的状态为出发点，将风险刑法视为对风险社会及时且有力的回应。[①] 由于“风险社会”与“风险刑法”在构词法与语言使用上的类似，这样的推论似乎十分合理，且符合法律要体现社会变革这一基本要求。然而，且不论“风险社会”是否是社会的真实状态——风险文化的倡导者认为，在当代社会，风险实际上并没有增多，也没有加剧，相反仅仅是被察觉、被意识到的风险增多和加剧了，也不论“中国已进入风险社会”的论调是否正确——当然，如前文所述，在笔者看来，这样的论断是缺乏实践基础的——当我们详细分析“风险社会理论”与“风险刑法理论”之要义时，不难发现，“风险社会理论”所强调的“风险”以及“风险社会”与“风险刑法理论”之“风险”及其社会基础颇为不同。“风险社会理论”从社会哲学角度区分了现代风险与自然意义上的灾难、危险的不同，强调现代风险具有建构性（人为性）、不确定性以及全球性等特点，着重批判了工业社会对理性的过分依赖，认为这是导致“社会破坏力量”被释放出来的主要原因，同时，由于现代风险的不确定性，工业社会中的风险计算系统注定失败，而这也直接导致了“有组织的不负责任”，风险全球化直接导致权威主义式的“失败国家”的产生。基于如此判断，风险社会理论指出，以现代风险作为社会主导特征的“风险社会”具有下述特征：其动力机制来自现代性的自反性，其运行逻辑为

① 龙敏：《秩序与自由的碰撞——论风险社会刑法的价值冲突与协调》，《甘肃政法学院学报》2010年第5期，第145～149页。

风险分配，其社会基本结构体现为个体化特征。显然，在“风险社会理论”中，“风险”与“风险社会”均有其特定的含义与特征，并非一般字面理解的“某一特定危险情况发生的可能性和后果的组合”，而这恰恰是众多“风险刑法”理论的中国倡导者对风险的理解。比如有学者直接将天灾人祸，尤其是将社会矛盾与风险画上等号，以此来论证“中国社会已进入风险社会”，其强调由于政治信任消解、执政不公、司法不公、贫富差异以及文化价值取向不明而积聚的社会风险使得“社会和公众的不安全感不断加剧，国家预防和惩治犯罪面临更大的社会压力”，故而提出刑事政策应做必要的调整。①

“风险刑法”支持者的另一种论证模式是在试图忠实引用“风险社会理论”观点后，转而另起炉灶，陈述“风险刑法”的理论诉求，颇有理论嫁接之感。比如有学者指出，风险社会的风险与以前社会的风险具有六点明显不同：（1）它们是人类知觉系统感觉不到的，风险的严重程度走出了预警检测和事后处理的能力；（2）它们能够全球传播，甚至传给下一代，并且不分贫富差距；（3）它们阻止风险原因的传播和受害者的赔偿，风险计算无法操作；（4）灾难性事件产生的结果多样，使得风险计算使用的计算程序（常规标准）等无法把握，它们超出了现代社会的控制能力，风险的排除不再是可能的；（5）它们是理性决策信赖的，今天的风险就是昨天的理性决策，从根源上讲，风险是内生的，伴随着人类的决策与行为，是各种社会制度，尤其是工业制度、法律制度、技术和应用科学等正常运行的共同结果；（6）它们是广泛存在的，成为现代社会的基本特征，成为后工业社会的内在品性。然而，针对这种“感觉不到”“严重程度超出了预警监测和时候处理能力”以及“风险计算无法操作”“排除不再可能”的社会风险，作者在后文中提出通过犯罪标准的前移、责任制度的拓展以及归责原则的演进等严密刑法网结的方式进行预防与控制。②

实际上，由于“用来应对风险的治理手段，本身就是滋生新型风险的罪魁祸首。这由现代治理机制的抽象性特征决定。对社会系统的复杂性和偶然性的高度抽象综合，必将引发制度风险。无论是冒险取向还是安全取向的制度，都可能蕴含运转失灵或由相对无知导致的决策失误的风险”③。因此，要解决风险社会中诸多问题，以贝克为代表的风险社会理论家认为良方是“公众、

① 杨兴培：《“风险社会”中社会风险的刑事政策应对》，《法学论坛》2011 年第 2 期，第 59 ~ 66 页。

② 王振、董邦俊：《风险社会中的刑法回应》，《江西科技师范学院学报》2008 年第 3 期，第 1 ~ 5 页。

③ 劳东燕：《公共政策与风险社会的刑法》，《中国社会科学》2007 年第 3 期，第 128 页。

专家和政治家们的充分参与决策”，而非直接给出某种直截了当的风险防范措施。风险社会对政治的考验可能更多地体现为如何将技术的发展与其可能释放出的充满风险的后果分离出来，如果仅仅是将个人失败置于其理论构造的中心，风险社会的理论建构将“看起来并不比宣传连接符社会（Bindestrich - gesellschaften）的其他样式有更大的价值”，因为“假如风险社会的风险真的可以通过一个提供安全保障的警戒线从政治上排除，那么旧的工业现代大可庆祝一个新的毕德麦尔式的安全的复辟”①。贝克等风险社会理论家强调一种自下而上的政治运行模式，要求决策的出台应通过多种能动者之间的公开对话，而不是仅有专家和决策者之间闭门协商。贝克在《自由与资本主义——与著名社会学家乌尔里希·贝克对话》② 一书中专门提到了第二现代性可能采取一种新的威权主义形式的问题，指出第二现代性可能会使国家经由预防和控制风险而使自己转变成一种特殊的威权主义。对于这个问题，贝克认为不论是玛丽·道格拉斯的传统，还是米歇尔·福柯的传统，都建立在一个错误的基础上，即将风险视为权力者的一个盟友，而非不可靠的盟友，甚或不是一个潜在的反对者，上述两种传统有关对抗风险的研究始终是社会和国家权力结构再生产的视角范围内加以检视的，未能跳出工业国家的思维定式，因此，并不能提出风险社会中风险斗争的有效途径，相反，可能最终导致威权主义式的“失败国家”的诞生。

可见，以风险社会理论作为风险刑法理论的立论基础并非顺理成章。在风险社会的标志下，安全将不仅是一个与事实相悖的概念，而且还是一个过时的要求。“人们必须撤回对于法的确定力的期待。”诚然，现代国家可以借助有效的资源——暴力垄断（Gewaltmonopol）来防止其所认为的潜在的危险变为实实在在的损害，但是，首先，这种认为受到了知识的局限而未必全面而确定，同时，更严重的是，这本身就含有对于公民社会自由的严重威胁。风险刑法理论将刑法视为国家对付风险、维护社会秩序的重要工具，更为强调与看重其固有的政治性与工具性，这本身就蕴含着摧毁民主与自由的巨大危险，并使得应激性、报复性刑事立法成为可能，而这，是必须予以警觉的。

2. 刑法的价值选择

在核心价值的问题上，风险刑法理论宣谕其与传统刑法（即自由刑法）理论存在明显界分。基于主权在民的思想，自由刑法理论将自由视为刑法的核

① 刘刚：《风险规制：德国的理论与实践》，法律出版社 2012 年版，第 78 ~ 103 页。

② ［德］乌尔里希·贝克、［德］约翰内斯·威尔姆斯，路国林译：《自由与资本主义——与著名社会学家乌尔里希·贝克对话》，浙江人民出版社 2001 年版。

心价值，认为国家的权力，包括刑罚权，均来自于公民个人权利基于公共利益需要的转让授予，以此，刑法必须以保障人身自由、人格尊严、权利平等、权力均衡、契约自由等为最为核心的任务。“公民的自由主要靠良好的刑法，因为当公民的无辜得不到保证，自由也就没有保证。”① 自由刑法理论主张刑法作为其他一切法律的制裁力量，所调整的应是最严重的社会冲突，其逻辑起点是承认公民基本权利本是一个不能限制的自由权利，只是因为公共利益的需要才会例外地被侵犯，同时，这种侵犯或限制也不是肆意而为的，其受制于保障公民基本权利、捍卫人民主权的宪法理想。简言之，自由刑法在承认刑法的社会保障机能的基础上，更强调刑法的人权保障机能，将刑法视为公民的“自由大宪章”。风险刑法理论则将法治国向安全国的飞跃视为社会发展的必然趋势，认为刑法的任务应从突出维护人的尊严和自由转变为维护社会成员个体及社会国家整体安全，强调以安全作为刑法的基本的价值取向，要求重构刑法的价值观。其有关罪责刑法向安全刑法的转变，考虑法益保护的早期化和处罚的预防性以及刑罚适用重心偏向人身危险性等主张均围绕这一价值观定位展开。有关的经典阐述是：“从本质上，法律所要解决的课题就是如何决定社会的利益分配和责任承担问题。因此在价值发生冲突时，应选择更能保全最大多数人的最大利益的价值。基于当前社会的风险现状及这种风险所具有的不同于以往时代的风险特征，对安全价值的追求较之以往任何一个时代都更加迫切，保障安全价值即是保障最大多数人的最大利益，安全理应在特定情况下位优于其他价值。因而，在自由与安全的价值发生背离时面对自由的施以必要的限制，在安全的范围内去追求自由价值就具有正当性，符合正义价值。”“安全刑法的理论与实践表明，在危机四伏的后现代工业社会、风险社会中，是安全而非个人权利才是刑法的首要价值，刑罚的发动也不是受人权保障的制约，而是以有效维护共同体安全为依归。个人权利与自由让位于共同体的安全，刑法的适用是安全维护而非人权保障。”②

显然，是坚守自由刑法理念还是采用风险刑法立场，这实际上涉及一个对价值本源的追问。在社会转型期的中国，究竟什么是刑法最核心的价值取向？

要回答这个问题，首先需界定风险刑法理论有关“安全价值”的含义。纵观法学价值研究的历史，一个事实是，相较于秩序、公平、正义、自由而言，有关安全的法律价值属性的讨论并不十分普遍，地位不甚明确。究竟什么

① ［法］孟德斯鸠：《论法的精神（上卷）》，张雁深译，商务印书馆1984年版，第55页。
② 董邦俊、王振：《风险社会中刑法人权保障机能之危机》，《云南大学学报》2010年第1期，第57～59页。

是“安全”？孟德斯鸠从自由的意义上强调安全，认为安全乃是自己对未来事件的确实性预知，能够自主把握自己的命运，因此，人绝不可能为了生存而放弃自由，因为这样生存也就丧失了意义；霍布斯则在破除恐惧的意味上提及安全，其将安全寄希望于一个绝对主权国家，将秩序置于法律价值的优先地位，为了生命，可以不惜放弃自由。国内学者则从安全价值与效率相对①；安全价值与自由价值相对②；社会利益中包含有公共安全，转化为法律要维护的安全价值③；社会安全与公平价值并立④；安全价值与个人权利保护相对⑤；安全价值包含财产性价值、隐私价值、公共利益价值、国家安全价值⑥等方面来界定“安全价值”。上述讨论也许正解释了对“安全”价值忽略的原因。因为安全是这样的一个宽泛的概念，谈及“安全”，个人、社会及国家均有不同的诉求，个人安全源于人的自然性，其与生存、自由相联系，社会安全则代表了全体社会成员的对社会安定的普遍需要，而国家安全更意味着国家独立与不被侵犯，这被视为国家发展方略的首要指向。

在笔者看来，从市民社会与政治国家二元分立的角度而言，基于不同的需求主体，“安全”具有两个面相：从个人价值需要而言，安全具有“自由”的面相，人只有在充分保证自由的前提下，才会真正清晰地感受到生命的价值，感受到安全。对自由的保护是“安全的宪法基础”。而从社会整体需要层面而言，安全是“秩序”的实质面相，代表了秩序对人的行为预期的保证以及使人类免受侵略、抢劫和掠夺等行为的损害的目标追求，秩序通过对规范制度的形式结构的关注，保证社会生活中维持交流互动的一致性和稳定性，以确保人类获得安全感。故此，博登海默教授指出：“安全在法律秩序中的作用之一只具有从属性与派生性：安全有助于使人们享有诸如生命、财产、自由和平等等其他价值的状况稳定化并尽可能地维持下去。”⑦ 法哲学家雷加森斯·西克斯

---

① 岳彩申：《民间借贷法律监管的新进路》，《河北法学》2016 年第 5 期，第 47～57 页。

② 侯艳芳：《论我国网络恐怖活动犯罪的刑法规制》，《山东社会科学》2016 年第 3 期，第 119～123 页；林培晓：《风险刑法中的法益侵害原理研究》，《晋阳学刊》2016 年第 1 期，第 119～129 页；郑永宽：《论责任范围限定中的侵权过失与因果关系》，《法律科学》2016 年第 2 期，第 102～114 页。

③ 宋宇文：《论生态文明建设中环境利益的类型与法律保护机制——基于庞德利益理论的视角》，《南京师范大学学报》（社会科学版）2016 年第 1 期，第 74～80 页。

④ 徐春燕：《经济法视野下农民工社会保障制度研究》，《税务与经济》2016 年第 1 期，第 46～51 页。

⑤ 孙平：《系统构筑个人信息保护立法的基本权利模式》，《法学》2016 年第 4 期，第 67～80 页。

⑥ 于志刚：《中国互联网领域立法体系化建构的路径》，《理论视野》2016 年第 5 期，第 37～42 页。

⑦ ［美］博登海默：《法理学——规范哲学和规范方法》，邓正来译，中国政法大学出版社 2004 年版，第 317 页。

更是将安全视为："安全是法律的首要目标和法律存在的主要原因。"

"风险刑法"理论对安全价值的追求，显然更多的是从社会需要层面进行的理解。其认为，自由以存在可选择的行为可能性为前提，通过私人自治的个体化进行生活塑造，而这本身就隐含了"危险的自由"①，"风险刑法的产生，究其根源在于风险社会人类群体对于'秩序'的更多需求，可以说，这一刑法体系的出现正是基于人民对于刑法的秩序价值的呼唤，正是刑法秩序价值催生了风险刑法"②。在更加复杂、更加多变的风险社会中，法律不可避免地成为强化社会秩序的工具，秩序是这一事业的主要目标，而国家是这一事业必要的智性人，自由只有在安全的社会秩序中才能存在并得到发展，反之，自由迟早会受到伤害。

于是，有关"自由价值"与"安全价值"的讨论似乎又回到了自由与秩序的二律背反。对其二者关系的基本表述为：一方面，秩序是自由的保证，刑法通过对侵害公民自由行为的禁止，确保公民自由，同时自由以秩序为限，公民为了实现社会公共利益而让渡自己一部分自由，以维持社会秩序，保证社会安全的实现；另一方面，由于出发点不同，自由与秩序又在一定层面互为消长：自由强调的是主体个性的发挥，秩序强调的是有序状态的建立和维持，自由难免有打破既定秩序的倾向，秩序也会在一定程度上压抑自由以维持平衡。秩序（安全）源于人类的社会倾向，而自由则根植于人类自我扩张的自然本能。这实际是个人本位与社会本位的一种价值博弈，当两种利益不能同时得到满足的局面出现时，立法者不得不根据时代要求对它们作出一种权威性的特殊次序安排。

在笔者看来，在转型期的中国当下，刑法更应坚守自由至上的刑法理念。

第一，从法治观念的源起到法治实践的终极价值旨向，人类一刻也未曾离开过自由理想的支撑。③"除非个体被允许过他愿意的生活，按只与他自己有关的方式生活，否则文明就不会进步，没有观念的自由市场，真理也不会显露；也就没有自发性，原则性与天才的余地，没有心灵活力，道德勇气的余地。社会将被'集体平庸'的重量压垮。"④自由是法治的核心价值，是权利的表达。法治，之所以成为人们孜孜以求的目标，便在于其对自由价值的坚守以及对个人自由权利的保护。综观新中国的法治发展历程，在制度技术层面

① 刘刚：《风险规制：德国的理论与实践》，法律出版社2012年版，第83页。

② 周静：《风险刑法价值分析与适用探究》，《山东社会科学》2013年第6期，第96页。

③ 杨昌宇：《从源起到终极：法治自由价值核心地位的理论证成》，《北方论丛》2011年第5期，第160页。

④ 柏林：《自由论》，胡传胜译，译林出版社2003年版，第200页。

持。人们对实践中某类认知对象的选择，是具体的工具手段存在和实现的前提条件。价值理性引导主体“做什么”，而“如何做”则借助于工具理性解决。

韦伯认为，工具理性是通过对外界事物的情况和其他人举止的期待，并利用这种期待作为“条件”或者作为“手段”，以期实现自己合乎理性所争取和考虑的作为成果的目的。

也就是说，人们为达到精心选择的目的，会考虑各种可能的手段及其附带的后果，以选择最有效的手段行动。工具理性并不关心行为本身的价值，这是价值理性的任务，工具理性关心所选行为能否作为达到目的之有效手段，更确切地说，所选的手段是否是最优效率，成本最小而收益最大的。①

（1）用刑法来降低“风险”是否可能？显然，风险刑法理论对“风险”一词的界定远远超出了“风险社会理论”中的“风险”一词——不得不说，这在一定程度上消解了风险概念的特定性，并使风险社会的理论失去其解释力，对这个问题，至少需要从以下两方面进行探究。首先，刑法可否降低贝克所提出的风险社会的风险？当我们沿用贝克的风险社会理论去找寻答案时，会发现，无法得到肯定的结果。在风险社会理论中，社会风险具有高度不确定性、不可预测性、显现的时间滞后性以及发作的突发性和超常规性等特点，要降低这样“难以捉摸”的风险，是强调确定性以及稳定性的刑法难以承受之重。刑事立法必须基于对既有社会经验的总结，对现实中既有的、常发的、严重危害社会的行为进行类型化而予以防范。任何对未来的猜测都无益于刑法目的的实现，背离刑法基本理念，更何况这种未来，按照风险社会理论而言，是难以预测的。

另有一种观点认为，随着安全问题的日益凸显，社会中弥漫着一种普遍的不安全的情绪。在这样的“焦虑社会”中，国家被要求全方位地介入社会生活。②“现代社会的社会成员对安全的欲求极为强烈，对于暴力的危险非常敏感。社会成员热切希望除去、减少这种高度、广泛的危险，热切希望在这种危险现实化之前，国家介入社会成员生活来除去、减少这种危险。”③于是，刑法被赋予了这样的责任：当社会因控制不足（包括社会控制、情境控制与自我控制）导致犯罪的产生时，须加大打击的力度与广度，以预防取代治疗，促成犯罪预防与社区安全的基础设施的全面扩张。

① 王琨：《工具理性和价值理性——理解韦伯的社会学思想》，《甘肃社会科学》2005 年第 1 期，第 120 页。

② 劳东燕：《风险社会与变动中的刑法理论》，《中外法学》2014 年第 1 期，第 81 页。

③ ［日］关哲夫：《现代社会中法益论的课题》，王充译，载《刑法论丛》（第 12 卷），法律出版社 2007 年版，第 338 页。

反驳这样的观点，我们仍可借用贝克提出的从“我饿”到“我怕”的社会变革的观点。与“我饿”不同，“我怕”不仅立足自身的个体感受，更是一种基于社会认知的个体感受。对于社会认知，一个现实是，当我们知道的越多时，我们就更感觉风险的无处不在，反而可能发掘出更多未被解决的问题，即“无知的爆发”。中国也正经历着这种从“我饿”到“我怕”的过程，从关注食品安全到环境污染，从醉酒驾驶入刑到对包括新手驾驶、驾驶喝水、驾驶看手机等均应纳入危险驾驶的立法倡议，生动而真实地反映了在解决了基本温饱问题后的人民对自身健康和生活水平的追求以及对未知世界的迷茫。人们期冀能通过刑法预防危害行为的发生，但所谓预防，应该是“对于致害原因的作用脉络和对于防止损害的可能性的认识作出的法律回答”，科学知识是识别风险的基础。然而，任何科学研究及其发现都具有某种局限性，是个“不能明确地对安全作出承诺，更谈不上兑现”的担保人，法律与之联系，必然无法获得确定。同时，按照风险社会理论的研究脉络，知道的越多，并不一定表明更多的确定性，对“更多认知同一事物”的强烈追求是徒劳无功的。受到不确定性的影响，纯粹量化地以更多法律、更多国家干预和更多知识来扩充装备，并不能扭转安全被腐蚀的进程。

（2）面对社会风险，刑法应如何理性应对？不可否认，转型期的中国新情况层出不穷，由于没有前期经验，只能“摸着石头过河”。尽管经济建设取得了巨大的成就，但也付出了不小的代价，存在不少问题。相对于经济转型、社会转型，国家治理和社会治理方式的转型相对滞后。在这样的发展背景下，社会矛盾加剧，一系列社会症结集中显现，群体性事件和刑事案件呈现高发态势，导致人们自身产生焦躁不安情绪。在面对新型风险时，民众往往容易产生与客观安全形势不符的恐惧。① 在面临极少出现的巨大危险（死亡危险）时，无论个人还是机构都往往倾向于采取不理智的回应。“焦虑社会”的标签可能更为适当一些。② 实际上，伴随着经济社会活动丰富，国家权力运行方式转变，社会成员自主空间加大，加上信息技术的推广，社会控制力降低，犯罪、社会乱象增多实属难免。若指望入刑便能遏制甚至消除这些危险，实属异想天开。若立法者只是希望通过刑法修改来缓解政治压力，以便让民众觉得事情已经被郑重地对待和处理而选择顺从民意，将危险入刑，是极为不负责任的，

① 如美国民众自“9·11”后因恐惧飞机大量选择汽车出行而导致道路交通事故增多，死亡人数大幅增加。因日本福岛核电站泄漏，中国多地发生抢购食用盐的事件。

② ［英］阿兰·斯科特：《风险社会还是焦虑社会？有关风险、意识与共同体的两种观点》，载《风险社会及其超越：社会理论的关键问题》，赵延东等译，北京出版社2005年版，第321页。

"风险引发的社会性恐慌可能使刑事立法偏离理性立场，而屈从于政治情绪"①。

针对自由刑法所强调的确定与稳定，风险刑法认为这难以应对现代社会中的风险，因为现代社会的风险具有高度不确定性、不可预测性、显现的时间滞后性、发作的突发性以及超常规性等特点。然而，必须明确的是，刑事立法必须建筑于对社会既有经验的总结，尽管从刑法的工具性角度出发，设置法条并不会复杂，但脱离了经验，仅靠立法者的有限才智设计出的法条的适用性如何可想而知。立法不可能是对未来的预测，更何况这种未来按照风险刑法理论倡导者的观点看来，"难以预测"。

综上，转型期中国的刑法应坚守其"自由人的大宪章"的职责，坚持罪刑法定原则、责任原则、谦抑原则，科学设计入罪标准，唯有如此，才能真正发挥刑法的保障与保护机能。

法律是"金融基础设施"的重要组成部分，是决定金融运行质量和金融安全的重要因素。② 包括刑法在内的金融法律介入金融领域的目的是为了保护产权，促进效率，维系秩序，服务金融市场，促进金融市场的良性发展。

三、金融市场的健康发展需要金融自由

有关金融市场的规律，经济学已做了较为充分的研究。两百多年前，亚当·斯密在《国富论》提出了"看不见的手"的原理："社会中的每个人都在力图追求个人满足，虽然他并不企图增进公共福利，但在这样做时，却像是有一只看不见的手引导他去促进社会利益"③，奥地利学派经济学家哈耶克也指出市场不是人类理性可以设计的制度，而是自生自发的秩序。④ 然而，随着经济运行经验的积累，"市场失灵"的呼声越来越高。该观点认为，斯密提出的"利己心的自由发挥"即可达到资源的最优配置的论断尽管正确，但并非无条件，市场因受到信息不对称、负外部性以及市场势力条件的影响，无法自觉地实现帕累托最优状态，因此需要依靠国家对经济进行干预，消除外部性影响，才能使资源配置达到最优效率状态，这便是"看得见的手"。尽管"市场失灵"是真理还是神话的争议一直存在，然而市场需要政府介入已成为经济学

---

① 刘仁文：《中国食品安全的刑法规制》，《吉林大学社会科学学报》2012 年第 4 期，第 115 页。

② 王怡：《论金融风险下金融立法的理念和维度》，《云南社会科学》2014 年第 4 期，第 136 页。

③ ［英］亚当·斯密：《国民财富的性质和原因的研究（下）》，郭大力等译，商务印书馆 1972 年版，第 14 页。

④ ［英］F. A. 冯·哈耶克：《个人主义与经济秩序》，生活·读书·新知三联出版社 2003 年版，第 129 页。

的通识观点。尤其在遭遇经济波动、金融危机时，政府更被赋予这样的期许：希望国家通过强有力的干预市场的措施，让市场重新回到稳定发展的轨道上来。[①]

实际上，由于无法克服的不完全信息[②]和有限理性，必须承认并警惕的是，作为经济政策制定者的政府，掌握的信息是有限的，其原因主要在以下两点：首先，政府不可能在短时间内掌握全部的信息；其次，即使在较长时间内掌握了较多的信息，但客观形势在较长时间内可能已发生变化，使得掌握的信息有一部分已经过时。政府总是在不完全信息条件下做出决策，这是不可避免的局限性——公权对经济的介入却并不总能满足这种期许，甚至，根本就不能满足这样的愿望。美国学者 Campbell Harvey、Yan Liu、Heqing 在金融类权威期刊 *Review of Financial Studies* 中撰文指出[③]，大多数声称在金融经济学的研究结果可能是假的，因为这些研究都是建立在各种假说的基础上，同时，其模型所立足的基础数据也可能陷阱重重。因此，尽管对金融市场运用数学与计量经济学等众多学科的原理，已经形成了一整套非常完备的理论体系，但这些完备理论运用于实践却并不一定都能得偿所愿，相反，大多数声称能打压市场的金融工具其实都收效甚微[④]。

有学者通过对历史经验的总结指出："中央政府通过压低生产要素价格的金融抑制政策补贴企业，促进固定资产投资和经济增长，并在需要的时候对不同部门或利益集团的资源进行再分配，以实现危机成本的社会化转移或分摊，从而达到维持社会、经济和金融稳定的效果。但是从长期来看，此种金融抑制政策有着效率损失、贫富差距扩大等不利影响。某些利益集团获取了垄断利润，某些利益集团受到了持续的伤害。特别是特权利益集团做大后阻碍改革的推进，更使中国金融和经济陷入严重的结构扭曲，社会矛盾日益加深。"[⑤] 较之其他发展中国家，我国的"金融抑制"现象在广度和深度上都表现得更为突出。除了利率和汇率管制之外，我国大量金融机构（甚至是上市银行）有着很高的国有股权比重；不少金融机构的高管来自于监管部门的委派，并且有着相应的行政级别；证券市场上股票和债券发行的总量和节奏被政府严格控制；金融创新的主导权完全掌握在金融监管部门而非市场主体手中；金融市场

---

① 杨风禄：《市场失灵的迷思》，《山东社会科学》2011 年第 6 期，第 91 页。

② 经济决策者经常把信息作为衡量风险和机遇的基本参数。

③ Harvey, C. R., Liu, Y., & Zhu, H. (2013). *The Cross - Section of Expected Returns*. Review of Financial Studies, 29(1), 29 - 58.

④ [英] 蒂姆·哈雷特：《金融研究爱大话》，《二十一世纪商业评论》2015 年第 2 期，第 24 页。

⑤ 潘英丽：《对中国金融系统性风险的追问》，《探索与争鸣》2014 年第 7 期，第 47 页。

的稳定和风险控制成为了各级政府维稳工作的一个组成部分等。①

公权力对金融市场的过多介入会导致市场规律偏离，市场失灵与政府失灵交织在一起，相互强化，这使得金融改革问题重重。有鉴于此，党的十八届三中全会在《中共中央关于全面深化改革若干重大问题的决定》中详细阐述了我国金融改革的蓝图设计："全面深化改革……以促进社会公平正义，增进人民福祉为出发点和落脚点，……公平惠及全体人民。……使市场在资源配置中起决定性作用……推动经济更有效率、更加公平、更可持续发展。"2016年政府工作报告中更是进一步强调了金融改革创新、尊重市场规律、促进金融平等、规范金融秩序、政府简政放权等理念："深化金融体制改革。加快改革完善现代金融监管体制，提高金融服务实体经济效率，实现金融风险监管全覆盖。深化利率市场化改革。继续完善人民币汇率市场化形成机制，保持人民币汇率在合理均衡水平上基本稳定。深化国有商业银行和开发性、政策性金融机构改革，发展民营银行，启动投贷联动试点。……促进多层次资本市场健康发展，提高直接融资比重。适时启动'深港通'。建立巨灾保险制度。规范发展互联网金融。大力发展普惠金融和绿色金融。加强全口径外债宏观审慎管理。扎紧制度笼子，整顿规范金融秩序，严厉打击金融诈骗、非法集资和证券期货领域的违法犯罪活动，坚决守住不发生系统性区域性风险的底线。"要金融市场健康发展，就必须尊重市场、发挥市场在资源配置中的决定性作用。

四、金融刑法自由价值的具体要求

金融刑法对自由价值的坚守意味着：

（一）承认公民有权依自己的判断和理性认为最合适的手段去做任何事情②

自由，首先是一种自然权利，是一个人按照自己所愿意的方式运用自己的力量保全自己的天性——也就是保全自己的生命。穆勒指出，除非个体被允许过他愿意的生活，按只与他自己有关的方式生活，否则文明就不会进步。没有观念的自由市场，真理也不会显露；也就没有自发性、原则性与天才的余地，没有心灵活力、道德勇气的余地。社会将被"集体平庸"的重量压垮。

（二）人们让渡权利是为了保护和扩大自由

为了谋求公民社会彼此间的舒适、安全和和平的生活，以便安稳地享受他

---

① 黄韬：《"金融抑制"的法律镜像及其变革》，《财经科学》2013年第8期，第2页。

② ［英］霍布斯：《利维坦》，黎思复、黎廷弼译，商务印书馆1985年版，第165页。

们的财产，并且有更大的保障来防止共同体以外任何人的侵犯[①]，人们不得不让渡了一部分自由给社会，这样做的目的不是废除或限制自由，而是保护和扩大自由。

（三）公民让渡的自由以足以保护个人自由为限

如果因此而产生的刑罚超过了保护集存的公共利益的需要，那么它本质上就是不公正的。[②] 因此，必须在政府的权利与公民的自由之间划分出一条界线，这便是罪刑法定。国家的任务在于创立总体上必须的框架条件，制定作为市场参与者之间最低限度意见一致的法律规范，并保证这些法律规范得到有效的遵循。

（四）凡是法律没有规定的，便是允许去做的[③]

作为金融市场的补充，金融法，包括金融刑法应遵循“法无规定即允许”而不是相反。反观我国金融法律制度，在“金融抑制”的大背景下，公权力对市场的主导和接入是贯穿始终的。法律规则对于公权力的行使者来说，更多的是授权而非限权，相反对于金融市场主体而言，反而成为法未授权即禁止。这是对自由价值的背离。

（五）自由是权利，也是对自己行为负责的义务

长期以来，政府监管部门的“父爱式呵护市场发展”，导致投资者相信政府对高风险理财产品的隐性担保，从而失去了起码的投资理性以及对投资失败的起码的承受力。这在非法集资类案件中，体现得淋漓尽致。有调查显示，非法集资类案件的受害者普遍对该投资风险抱有明知却放任的态度。其基本理念是，只要有利可图，即投资，只要投资失败，便寻求公力救济，甚至采取过激方式表达诉求。这种不愿承担因投资决策错误而导致损失责任的有组织的不负责任行为实际上将风险转嫁于政府和社会，这明显有悖契约精神、诚信原则等理念，更带来社会动荡与混乱，严重危害金融市场的健康发展。一个健康发展的经济社会应以自己责任与市场原理为基础，在行政领域中实现由事前规制型行政向事先核验型行政的转变。

第二节　金融刑法的基础价值——平等

德沃金说：“如果我们关心自由，我们就必须调和自由和平等的关系，因

① ［英］洛克：《政府论（下篇）》，叶启芳、瞿菊农译，商务印书馆1964年版，第59页。
② ［意］切萨雷·贝卡里亚：《论犯罪与刑罚》，黄风译，中国法制出版社2002年版，第9页。
③ ［英］洛克：《政府论（下篇）》，叶启芳、瞿菊农译，商务印书馆1964年版，第16页。

为它们之间任何真正的冲突，都会是一场自由必败的竞争。”平等，就经济学意义上而论，意指经济权利配置上的平等，既包括经济资源的配置结构，也包括关于经济活动的规则或制度上的平等和合理。[①]

一、正视中国金融市场中的不平等

金融市场是不平等的，这一方面源于信息的私人性特征导致的信息非对称，另一方面则来自法律（政策）保护的不均衡。

（一）客观原因：信息不对称

信息不对称，是指在市场经济活动中，交易各方所拥有的信息不对称。可以毫不夸张地说，在各种交易市场上，都不同程度地存在着信息不对称[②]问题，即交易的一方占有更多的与商品或服务相关的信息，处于信息优势地位，而另一方则因拥有的信息不完全，而处于信息劣势地位。信息不对称是金融产生与发展的前提，同时又是造成金融市场竞争起点不平等的根源。金融市场中充满了信息，它影响着人们的信心，决定着市场主体的各项行为，决定着各项资产的价格。然而，信息又具有很强烈的私人性特征，因此必然导致市场交易主体间的信息不对称。信息非对称是客观存在的，若无必要的介入，金融市场中的信息不对称极易造成金融市场参与者权利与经济地位的不平等，使得投资决策者缺乏必要的环境信息，从而导致投资决策信息不完全、金融资金分配不合理等问题。

（二）制度原因：法律（政策）保护的不均衡

法律（政策）保护不均衡问题则与金融市场发展历史、政策理性有关。综观中国的金融法律（政策），体现出浓厚的金融抑制色彩，具体表现为金融法律通过大量的授权性规则和兜底条款给行政权力的行使提供了宽泛的空间，由权力部门主导制定的低层次的行政法规和部门规章在金融市场规制中发挥了重要作用。权力部门对规则话语权的把控造成了竞争不平等。

1．对国有经济的强势保护

在基础性金融资源层面，国有经济体因为有政府的隐性信用担保更容易获得金融资源，造成民营企业融资难；而在机构性金融资源层面，国有金融机构占据绝对的垄断地位，这又使得民间资本兴办金融机构困难重重。尽管近年来，随着“民间金融合法化”的呼声越来越高，国家对民间资本进入金融领

① 周平轩：《论公平与效率——关于公平与效率的理论分析和历史考察》，山东大学出版社2014年版，第93页。

② 乔治·阿克尔洛夫、约瑟夫·斯蒂格利茨与迈克尔·斯宾塞三位学者因在“使用不对称信息进行市场分析”领域所做出的重要贡献获得2001年度诺贝尔经济学奖。

域的态度从“严格限制”转变为“事实默许”再到“逐渐承认”[①]，但因为缺乏必要明确的性质界定与实施细则，高利转贷罪、非法吸收公众存款罪等刑法罪名仍是高悬于民间资本头上的利剑。

2. 对金融机构与其客户之间的不平等保护

当前金融刑法中在罪名设置上对金融机构的倾斜性保护便是一例。现行刑法规定了金融客户欺诈银行的犯罪行为（骗取贷款罪、贷款诈骗罪），却未对银行恶意隐瞒、欺诈客户利益的行为作出否定性评价。这种单方面的立法，源自人民银行在金融刑事立法中的话语权优势。

二、金融刑法平等价值的基本要求

金融刑法的平等价值强调在金融活动中，各类主体不因自身所有权性质、经济实力、地域和行业等因素而受到差别对待，能够公平地参与金融活动，机会均等地分享金融资源，形成合理有序的金融秩序。[②] 这要求：

（一）金融刑法应坚持“权利本位”

“权利本位”是与“权力本位”相对的概念，表征的是在国家权利与公民权利的关系中，公民权利是决定性的、根本的。法律设定义务的目的是为了保障权利的实现，在权利和义务的关系中，权利是目的，义务是手段。金融法作为监管法，不可避免地带有明显的部门立法特点，金融刑法作为金融法的保障法，尤其需警惕可能存在的部门利益法律化问题。有学者批评在现行金融刑法的立法中，存在着金融抑制理念下的“政府俘获现象”，公权力过度资本化是法律不平等保护的原因。金融刑法的平等价值要求金融刑法应将对保护公民、法人的个体利益的保护放在第一位，其对损害社会公共利益行为的规制应以防止权利滥用为前提，刑法应该保护的仅限于直接关系社会公共利益部分。

（二）对金融市场参与主体一视同仁

金融市场是资金融通市场，是资金供应者和资金需求者双方通过信用工具进行交易而融通资金的场所。对于金融交易而言，无论是买卖还是借贷，其都需建立在市场交易双方平等地位的基础上，金融刑法作为金融市场的保障法，对市场的参与主体应同等保护。

（三）保障参与主体公平进行金融交易

基于金融市场中的信息不对称以及主体间的经济实力悬殊等因素的影响，

---

① 田春雷：《金融资源公平配置的法学分析——兼论中国金融法的新价值》，《法学评论》2013年第3期，第113页。

② 冯果、袁康：《社会变迁视野下的金融法理论与实践》，北京大学出版社2013年版，第21页。

金融市场中的不平等是客观存在的。信息优势方往往为了谋取更多的利益而实施损害另一方利益的行为，导致逆向选择和道德风险，进而影响社会资源配置效率。法律的作用便在于通过对法律关系中处于弱势地位的法律主体赋权或对法律关系中处于强势地位的主体增加义务的方式帮助金融市场平等的实现。刑法应以强制性保障市场参与者平等获取信息，公平参与金融活动，公平享受金融福利。

第三节　金融刑法的功用价值——效益

效益价值，体现的是金融刑法运行的成本与代价（后果）与收益的比较关系。最优的刑法设计，是可以用最节省的刑法成本与代价获得立法者在主观上所追求的法律效果与价值的最大程度的实现。作为最为严厉的金融市场的保障法，金融刑法将直接关涉金融领域的塑造，对金融行为的形成发展具有极强的导向作用，这决定了，在金融刑法立法中必须重视效益价值的考量。

一、入罪效果考量

金融刑法作为金融市场的保障法，必然要考量行为入罪的合理性以及由此可能带来的履行成本与效益。立法实践告诉我们，法律作为一种对社会关系进行制度性安排的工具体系，离不开立法者的理性设计，然而，尽管法律可以根据立法者意图进行设计，但其运行的实际效果却并不一定都能尽如人意。制度经济学的研究表明，经济运行有惯性，而人们也往往有“从众”“从上”“从旧”的“路径依赖”。因此，对于宏观调控而言，切忌大紧大松，因为“刹车容易启动难”。对于经济运行而言，刹车的主动权掌握在制度制定者手中，而市场启动的主动权却在广大投资者和消费者手中，一旦政府实行了过紧或过松的金融政策，极有可能导致投资者对市场失去信心，资本市场要想再次获得人们的支持、信任，不仅有赖于资本市场自身健全、完善，更有赖于投资者的信心恢复，而在这一方面，政策制定者难有作为。

立罪，体现了国家对某一行为最为强烈的否定与禁止，每一个罪名的设计实质上都划定了一个金融市场行为的禁区，其以严厉的人身刑与财产刑为手段，惩罚禁区的闯入者，并以此形成对其他市场参与者的威慑。金融刑法是高悬于金融市场参与者头顶的达摩克利斯之剑。用之得当，则可强有力地保障金融市场的健康运行，而用之不当，则极有可能损及金融市场发展与创新。

二、金融刑法效益价值的基本要求

(一) 金融刑法应保持必要的谦抑

只有在缺乏具有同等效力的社会控制技术时，才允许采用刑事制裁措施。刑法的强势性、惩罚严厉性赋予了刑法保障法的地位，更要求其严格缩限其适用范围。作为承担权利保障的主要和基本使命的侵权行为法以及目的在于促进国家与社会福利的行政法都负有为刑法规制的介入创造正当前提的义务。在刑法的前位法尚未介入之前，刑法就径直介入，是对人权的粗暴践踏。多项研究表明，针对金融风险，相较事后打击，事前防范将更有效益。诚然，当前，金融市场仍处于发展阶段，各项制度还不完善，金融违法活动猖獗，但非刑事法律的空隙需要非刑事法律来弥补。大量立罪并不能解决实质问题，金融刑法不应也不能成为社会管理法、危害防治法。

(二) 关注对金融刑法运行效果的评估

在情势变化时及时启动出罪机制。正如李斯特所言："刑罚是双刃剑，它通过损害法益来保护法益。"金融刑法的目的在于通过打击金融犯罪来保护金融市场主体的合法权益与维护金融市场正常秩序，为金融市场发展保驾护航，因此，其必须随时关注金融市场的发展需要，对划定的禁区范围做及时的调整。

小　结

刑法的价值取向关涉刑事立法与法律运作等诸多方面。立法是一种制度设计，出于不同的价值追求，其立法设计会大相径庭。作为刑法的重要组成部分，金融刑法必然遵循刑法的基本价值要求，同时，作为金融行为的保障法，金融法制体系的一部分，金融刑法又必然有其独特的价值追求，或者说在面对多元刑法价值冲突时所应做的独立选择。究竟何为金融刑法的核心价值？是安全，还是自由？有的学者以风险刑法或自由刑法理论为论证工具阐述观点，还有学者从社会需要角度出发。实际上，不论学者是否实际运用风险刑法或自由刑法理论作为其论证出发点或工具，其基本观点均与上述两个理论存在一致性。因此，下文中，笔者借用风险刑法与自由刑法的理论争议，试图揭示金融刑法的核心价值。

风险刑法理论之所以能在当今刑法学界风行一时，正是因为它触及了一个根本性的问题，即在现代社会中刑法究竟应当承担何种角色。风险刑法理论强调在风险成为当代社会的基本特征后，刑法逐渐蜕变成一项规制性的管理事务；作为风险控制机制中的组成部分，刑法不再仅仅为报应与谴责而惩罚，主要是为了控制风险进行威慑，威慑成为施加刑事制裁的首要理由。风险刑法理论强调对安全价值的追求，因此，刑法的工具性被提到了首位，被赋予了更重的社会管理任务，社会安全需要成为刑法启动的充分条件，这与传统刑法（自由刑法）所强调的权利保障、谦抑之本色大为不同。然而，在笔者看来，首先，以风险社会理论作为风险刑法理论的立论基础并非顺理成章。在风险社会的标志下，安全将不仅是一个与事实相悖的概念，而且还是一个过时的要求。诚然，现代国家可以借助有效的资源——暴力垄断来防止其所认为的潜在的危险变为实实在在的损害，但是，首先，这种认为受到了知识的局限而未必全面而确定，同时，更严重的是，这本身就含有对于公民社会自由的严重威胁。风险刑法理论将刑法视为国家对付风险、维护社会秩序的重要工具，更为强调与看重其固有的政治性与工具性，这本身就蕴含着摧毁民主与自由的巨大危险，并使得应激性、报复性刑事立法成为可能。其次，安全是这样的一个宽泛的概念，从市民社会与政治国家二元分立的角度而言，基于不同的需求主体，安全具有两个面相：从个人价值需要而言，安全具有自由的面相，风险刑法理论对安全价值的追求，显然更多的是从社会需要层面进行的理解。于是，有关“自由价值”与“安全价值”的讨论似乎又回到了自由与秩序的二律背反。在转型期的中国当下，刑法更应坚守自由至上的刑法理念。实践证明，刑法并非是治理风险之最优效率手段，化解社会风险化是一项综合、长期又复杂的工程，既考验政府社会治理能力的提高和创新，也有赖于社会民众主体意识的提高，过多地依赖事后惩治只会体现政府社会治理能力的软弱。同时，会更加剧社会精神焦虑。解决社会风险不应成为刑法过度扩张的借口。

在笔者看来，在转型期的中国当下，刑法更应坚守自由至上的刑法理念。第一，转型期的中国金融市场更需要自由带来的活力，金融风险是金融活动的题中之意，用刑法来降低金融风险是一种低效率的路径依赖，因此金融刑法应以自由为核心价值。这意味着应该承认公民有权依自己的判断和理性认为最合适的手段去做任何事情；对公共利益保护的目的不是废除或限制自由，而是保护和扩大自由；公民让渡的自由以足以保护个人自由为限；凡是法律没有规定的，便是允许去做的；自由是权利，也是对自己行为负责的义务。第二，金融刑法应坚持平等的价值取向。由于信息的私人性特征所导致的信息非对称，以及来自法律（政策）保护的不均衡，我国金融市场呈现出不平等，突出表现为对国有经济的强势保护以及对金融机构与其客户之间的不平等保护。这就要求金融刑法应坚持“权利本位”，对金融市场参与主体一视同仁，保障参与主体公平进行金融交易。第三，金融刑法作为金融市场的保障法，必须要考量行为入罪的合理性以及由此可能带来的履行成本与效益，金融刑法是高悬于金融市场参与者头顶的达摩克利斯之剑。用之得当，则可强有力地保障金融市场的健康运行，而用之不当，则极有可能损及金融市场的发展与创新。因此，金融刑法应坚持效益价值取向。这就要求金融刑法应保持必要的谦抑，只有在缺乏具有同等效力的社会控制技术时，才允许采用刑事制裁措施。同时，关注对金融刑法运行效果的评估，在情势变化时，及时启动出罪机制。对划定的禁区范围做及时的调整。在本章最后，笔者就新时期中国刑法的基本立场问题阐述了自己的观点。在笔者看来，纵观新中国的法治发展历程，在制度技术层面上，具有很多借鉴西方法律制度的色彩，而在观念层面上仍有着深厚的中国传统文化——群体本位文化的积淀，这使得包括中国刑事立法在内的立法活动常呈现出“父爱主义”的极端化，文化精神中缺少独立的个体自由和个体意识，这是以理性、契约为基础，强调的是个体的独立、自由、平等的法治理念在中国生成的主要阻力。转型期中国的刑法应坚守其“自由人的大宪章”的职责，坚持罪刑法定原则、责任原则、谦抑原则，科学设计入罪标准，唯有如此，才能真正发挥刑法的保障与保护机能。

第二章 金融刑法的立罪根据

《中华人民共和国刑法》在开篇即点明了刑法之立法目的——“惩罚犯罪，保护人民”——与立法依据——“宪法”“我国同犯罪做斗争的具体经验”以及“实际情况”。对于金融刑法而言，应遵循宪法的指引，在总结经验，充分考量社会现实需要的基础上，确立金融刑法的基本理论框架。同时，在金融全球化背景下，金融刑事立法还需注意体现国家积极履行国际责任的态度。

第一节 遵循宪法指引

宪法作为一国母法，确立了一系列法律价值目标，为一国法律体系之指引。作为维护法律秩序最后一道防线的刑法，必然需深刻领会宪法之精神，并注意将其具体法律制度在具体内容与实质精神内涵上与宪法保持高度一致，为实现宪法理念而努力。

单就金融刑法而言，宪法的指引主要体现在以下方面。

一、尊重和保障人权

人类宪政制度史已经清楚地表明，所有的宪法现象和宪法行为无不是围绕着权力的行使和权利的保障而展开的，同样，一切宪法关系也都只能是权利和权力关系的升华。① 从我国 1982 年《宪法》到其后 4 个修正案，宪法不断强化人权保障理念，在 2004 年的修正案中更是直接规定“国家尊重和保障人权”，以规范的形式明确了国家和个人之间的关系，界定了国家权力运行的边界。在宪法的指引下，我国刑法也经历了从“秩序优先，兼顾人权”到“人权优先，兼顾秩序”的发展过程。② 综观中国刑法的发展史，从新中国成立到 1979 年，刑事司法大量沿用战争时期临时制定的一些条例、政策等暂行规定，

---

① 刘树德：《宪政维度的刑法思考》，法律出版社 2002 年版，第 193 页。

② 肖中华、孙利国：《当代中国宪法的发展与刑法理念的更新》，《人民检察》2012 年第 13 期，第 22 页。

刑法被视为刀把子，无产阶级专政的重要工具。1979年颁行的新中国第一部刑法，其价值定位于社会保护优先，类推制度的确立体现了立法者对刑法的生活保护功能的过分迷信，而大量的模糊性刑法表述亦与国家对刑法生活保护功能至上观的坚持密不可分。[①] 其后，1983年“严打”以及随之而来的大规模的以重刑为基本方向的刑法修改，都充分体现了刑事政策实用化、工具化理念。随着1982年宪法及其后1988年修正案、1993年修正案对公民基本权利的确立与强调，1997年刑法在总则第3条规定了“法律明文规定为犯罪行为的，依照法律定罪处刑；法律没有明文规定为犯罪行为的，不得定罪处罚”。这一规定被认为是“罪刑法定”原则在我国刑法中的正式确立，体现了其对人权保障立场的强调，同时，通过增强刑法明确性[②]等方式，1997年刑法扭转了1979年刑法过于强调社会秩序而侵害个人权利的价值取向，被认为在实现社会本位与个人本位的价值协调方面更进了一步。然而，客观地说，即便有了“罪刑法定”的立法规定[③]和司法者声称的“根据罪刑法定原则……”也并不意味着罪刑法定理念的真正树立与恪守。“中国特色”罪刑法定原则采用“先有后无”的双向表述方式首先强调的是对国家刑罚权的维护，而不是对国家刑罚权的限制，其潜台词是，为了惩罚打击犯罪，维护社会秩序，刑法应事先尽可能宽泛地明确犯罪与刑罚范围，以保证司法部门定罪有据，确保公民的违法行为必受追究。正是在这种国家本位与权力本位的思想的指导下，从1997年刑法生效至今，整个刑事立法，尤其是在金融刑法立法方面明显体现出保障社会

---

① 陈兴良、周光权：《困惑中的超越与超越中的困惑》，《刑事法评论》，北京大学出版社1998年版，第88页。

② 1997年刑法在具体规范的表述上大量采用叙明式罪状表述方式以及多档次法定刑。

③ 对于《刑法》第3条之规定——“法律明文规定为犯罪行为的，依照法律定罪处刑；法律没有明文规定为犯罪行为的，不得定罪处刑。”——学界可谓毁誉参半。赞赏者认为此条前段规定了积极的罪刑法定原则，而后段规定了消极的罪刑法定原则，既注重保护社会，打击犯罪，又保障人权，限制司法权，是“罪刑法定原则的新发展”。参见薛瑞麟、杨书文：《论新刑法的基本原则》，《政法论坛》1997年第5期，第24页；何秉松主编：《刑法教科书》，中国法制出版社2000年版，第63～67页。否定者则指出这是对源于西方罪刑法定原则的误解，罪刑法定原则应属出罪原则，其根本目的在于限制国家刑罚权的滥用，体现对公民自由人权的保障。现行中国刑法第3条之规定实则体现了刑法功能使命的错位与人权保障机能的缺位。参见刘艳红：《刑法的目的与犯罪论的实质化——“中国特色”罪刑法定原则的出罪机制》，《环球法律评论》2008年第1期，第41～42页。

安全之旨趣[①]，而司法中的强烈的倾向于秩序维持的司法惯性[②]又使得“法律没有明文规定为犯罪行为的，不得定罪处罚”这一罪刑法定原则经典语词形存而神伤。[③]

金融刑法立法应遵循宪法“尊重和保障人权”的要求，给予金融市场主体以充分而广泛的自由和权利，并且确保金融市场主体免受刑法规定以外的不正当刑罚。人权保护是刑法的终极目的，刑法既是“犯罪人的大宪章”，更是“善良公民的大宪章”。

二、对不同性质经济体平等保护

“坚持公有制为主体、多种所有制经济共同发展的基本经济制度”（《宪法》第6条），“国有经济，即社会主义全民所有制经济，是国民经济中的主导力量。国家保障国有经济的巩固和发展”。（《宪法》第7条）“在法律规定范围内的个体经济、私营经济等非公有制经济，是社会主义市场经济的重要组成部分。”（《宪法》第11条）简言之，我国是坚持公有制经济为基础并承认非公有制经济是社会主义市场经济重要组成部分的社会主义国家，强调国有经济的主导地位。基于上述宪法指引，我国刑法呈现出对公有制经济和非公有制经济区别性保护，如在立罪上，更加注重对国有财产的保护[④]，即便是同样的行为，因为侵害的利益不同，刑罚设计上也不尽相同[⑤]。有观点认为，这种区别性保护有违宪法精神，不利于非公有制经济的发展。[⑥] 然而也有学者提出，因为侵害国有经济犯罪侵害的是国家法益或者说是全社会的法益，与侵害个人法益的侵害非公有经济的犯罪相比，前者的法益侵害性更为严重。因此，刑法在制罪和制刑上对公有制经济应予以更加严密、严格的保护。那种认为应尽快

① 《关于惩治骗购外汇、逃汇和非法买卖外汇犯罪的决定》以及其后的四个刑法修正案在开篇处均使用了类似“为了惩治××犯罪……维护××秩序”的句式表明其立法目的。自《刑法修正案（五）》开始，尽管没有明确阐述其立法意图，但从条文内容不难看出其立法目的仍是为了惩治犯罪，维护社会秩序。为应对风险社会的不安全因素，不断创设新的犯罪种类，犯罪标准谦抑，将危险犯改为行为犯，将实害犯改为危险犯，扩张或者缩减构成要件要素，使得刑事规制的视野更加广阔。参见高铭暄：《风险社会中刑事立法正当性理论研究》，《法学论坛》2011年第4期，第8页；肖中华、孙利国：《当代中国宪法的发展与刑法理念的更新》，《人民检察》2012年第13期，第23页。

② 肖中华、孙利国：《当代中国宪法的发展与刑法理念的更新》，《人民检察》2012年第13期，第23页。

③ 本书第四章就金融犯罪圈的司法扩张问题做了专门梳理，研究表明，司法部门通过延展概念以及增设、修改犯罪认定标准实现金融犯罪圈扩张。

④ 如骗取贷款罪的立罪设计。

⑤ 如贪污罪与职务侵占罪、受贿罪与非国家工作人员受贿罪等。

⑥ 陆岸：《论市场经济主体平等权的宪法保护》，《理论与改革》2008年第5期，第141～143页。

修改并完善刑事立法，消除现行刑法对公有制经济与非公有制经济的歧视性保护，实现平等的立法保护的观点，忽视了我国是社会主义国家的基本事实，违背了宪法的基本精神。[①] 对此，笔者认为，公有制经济作为控制国家经济命脉的社会主义市场经济主导力量，刑法应以其强制力保障对其内部监管的实现，这就要求对公有制经济体以及其工作人员的违法行为应较之非公有制经济体及其工作人员设计更为严厉的刑罚，以遏制与打击这种直接损害国家、社会利益的行为。同时，作为平等的市场主体，刑法理应依据宪法的平等原则，平等对待与保护公有制经济体和其他各类市场主体。就此而言，学界对于刑法过于保护国有经济体及金融机构的批评有其合理性，不平等保护必然造成市场主体之间的不平等竞争，有悖于发展社会主义市场经济这一基本原则。

三、维护社会经济秩序

“我国将长期处于社会主义初级阶段。国家的任务是……发展社会主义市场经济。”为保障社会主义市场经济的顺利运行，“国家加强经济立法，完善宏观调控。国家依法禁止任何组织或者个人扰乱社会经济秩序”。这是宪法对我国所处历史阶段的科学定位并基于此对经济立法提出的具体要求。作为经济法律体系的重要组成部分，刑法亦责无旁贷。这要求刑法直面社会现实与市场经济发展需要，处理好个体经济权利保护与整体经济秩序保障之间的关系。一方面，对于市场经济而言，出于防止“一管就死，一放就乱”情况的出现，刑法应保持必要的克制；另一方面，对新出现的严重损害市场主体权益，危害社会经济秩序之行为，在金融前置法处置无力的情况下，刑法亦需适度介入，方符合宪法对我国发展阶段的准确定位。值得关注的问题是，在理论界有关个体经济权利保障与社会经济秩序保护如何平衡实现的大讨论方兴未艾之时，刑法实践已对学界主张的刑法谦抑主义立场进行了反驳。在 1997 年刑法出台后的短短十几年的时间内，刑法已经过了 10 次修改，仅刑法分则第三章第四节、第五节之罪名，便经历了共计 24 次修改，甚至有数条经历了 2 次修改，不可谓不频繁，因此有学者批评道，应对刑法修正过于频繁、犯罪圈扩大、重刑化

---

① 肖中华：《当代中国宪法的发展与刑法理念的更新》，《人民检察》2012 年第 13 期，第 24 页。

倾向严重，社会对刑法寄予过高的“救火”治世期望等问题进行深刻的反思。[①] 在笔者看来，上述观点无疑具有重要的警示作用，但对于刑法犯罪圈的反思不宜单纯地从法条数量或修改次数上衡量，应更为关注其制定与修改的合理性与必要性。

第二节　回应金融发展的现实需要

著名法学家霍姆斯说：“法律的生命不在于逻辑，而在于经验。”制定法律，应充分考虑社会传统和现状，而不是单纯的理论预先设计。

一、立足本国金融发展现状

正如前文所言，在当前的金融刑事立法研究中，颇为流行的观点认为，鉴于金融风险加剧，金融刑法作为社会防卫的最后一道防线有必要强化其对金融犯罪的遏制作用，发挥其特有的威慑功能，通过惩治犯罪来抵御金融高风险进而维持金融秩序的稳定，实现保护金融安全的核心价值目标。因此，建议金融刑事立法以防范金融风险为目的，以维护金融秩序为中心，刑法触角应向更为广阔的金融领域延伸，刑事立法视域扩展到金融行为的全过程而不仅注重对犯罪结果的惩罚，同时，降低金融犯罪的起刑点，以扩大刑法的保护范围。在理论界大讨论方兴未艾之时，金融刑法立法实践已做出了反应，被认为是刑法立法实践对风险刑法理论的接受与回应。历经 5 个刑法修正案，一个刑法单行条例的修改增补，现今金融犯罪（刑法分则第三章第四节、第五节）罪名数量已达 38 项之多，金融刑法呈现出刑法保护早期化、广泛化、重刑化趋向。然而，一个不容忽视的事实是，部分新增或修改罪名在司法中缺乏适用，甚至学术研究中，都极少关注。如《刑法修正案（六）》增设的违法运用资金罪以及背信运用受托财产罪。在《刑法修正案（六）草案说明》中，是如此解释此二罪增设之理由的：“针对现实中存在的金融机构挪用客户资金行为，无法套用金融机构工作人员挪用资金的规定。同时，考虑到保障公众资金安全，维护社会稳定，将负责经营、管理公众资金的单位违反国家规定运用资金，情节严

---

① 肖中华：《当代中国宪法的发展与刑法理念的更新》，《人民检察》2012 年第 13 期，第 26 页。杨兴培教授亦指出，中国社会目前依然处在激烈的社会解构与重构过程中，很多的制度设定还在论证之中，很多的观念还在形成过程之中，很多的行为还在发展变化之中，不应过于以当下的社情、国情作近距离服务而修改补充刑事立法。参见杨兴培：《对刑法修正案（八）的解读、慎思与评价》，载朱孝清、莫洪宪、黄京平：《社会管理创新与刑法改革》（上卷），中国人民公安大学出版社 2011 年版，第 291 页。

重的行为入刑。”然此二罪自2006年增设至今已10个年头，笔者在北大法宝案例库查询，未得一例，从百度搜索，也未找到确切的案例，可见司法少有运用。中国知网收录的以此二罪为研究对象的期刊文章不足20篇，[①] 且大多从罪名解读入手。魏昌东教授在《新刑法工具主义批判与矫正》一文中对此现象进行了深刻的剖析，其指出，由于政治治理下刑法功能的政策化以及在风险社会理论的影响下对刑罚积极预防功能的推崇，在以中国金融刑法为代表的立法领域中，出现了一种新的异化现象，即为了达到安抚社会公众情绪之目的，立法逐步抛弃了规范的实用性与可行性标准，形成了刑法立法中由立法的实体性扩张向形式性扩张的“新刑法工具主义”取向。这种取向造成了金融刑法的立法“冗余”，模糊了金融刑法法益判断的基准，降低了金融刑法应对金融风险的抗制能力。[②]

刑事立法研究必须立足于社会客观情况，对社会的客观需要进行理性把握。民众“刑法万能论”的期许与迷信以及对风险的恐惧从来都不应该是立法重点考虑的问题。不可否认，当前如何防范化解金融风险、严守风险底线，是摆在中国政府及人民面前的一项重要课题。但作为保障法，在风险防范方面，金融刑法究竟应承担何种职责？这是一个必须正确面对的问题。

对于这个问题的回答，需要首先对当下中国面临的金融风险做正确而全面的判断，并正确认识金融刑法的职责所在。

（一）正确认识金融风险

曾康霖教授指出，金融风险，是指金融活动中的不确定性，即可能带来收益，也有带来损失的可能性。[③] 金融风险是效益的伴生物，“高风险、高收益”是金融业的基本规则，所谓的“零风险”“绝对安全”是不存在的。这就如同规避交通风险最有效的方式应该是禁止一切车辆上路或选择自己不上路，但显然人们不会做出上述选择。金融交易的本质就是不同主体间的金融风险交互转移中获得的利益。因此，对于金融风险，必须保持清醒的头脑，承认其存在的客观性。

金融风险产生的原因是多方面的：

（1）金融体系主要依赖于承诺，而从本质上来说，承诺是会遭到背弃的。这导致金融体系因其固有的不确定性预期不断变化而变得脆弱。换言之，信用交易、杠杆交易等固有属性意味着金融行业相比其他行业天生携带着更高的风

① 有关背信类犯罪的文章讨论最多的还是利用未公开信息交易等行为等，对《刑法》第185条之一规定的二罪大多采取概括式介绍。

② 魏昌东：《新刑法工具主义批判与矫正》，《法学》2016年第2期，第85~91页。

③ 曾康霖：《曾康霖著作集：（十）宏观金融论》，中国经济出版社2004年版，第250页。

险基因。[①]

（2）金融风险源自金融主体的逐利本性以及知识有限性。金融消费具有高度专业性的特点，这对于普通金融消费者而言，是难以达到的理性高度。行为金融学研究证明，金融消费者的逐利本性以及认知偏差会加剧在信息与专业知识方面的劣势，从而易低估风险而高估收益[②]，并且易高估金融精英并过度信任权威人士的意见[③]，难以识别五花八门的金融产品背后的陷阱。欠缺金融专业知识的金融消费者还习惯于把更多的权重放在当前而不是未来，即具有现时偏向型偏好，导致他们今天做出的决定，在某种程度上会降低未来的福利，从而使他们后悔做出这样的决定[④]。金融主体的个体非理性极易导致集体非理性。这种“合成谬误”不断放大并迅速传播，会致使无法控制的整体性、集合性直至系统性风险的发生。相反，对于金融经营者而言，由于其行为同样受到利益支配，这使得其遵从规范仅仅是权宜之计。由于市场运行体制的不完全，垄断性经营行为不断干扰市场的正常秩序，不法获利者比比皆是，市场伦理原则对这类行为缺乏足够的制约。由市场参与者逐利本性引发的金融风险是金融市场的内生性风险，金融监管中的渎职行为可能会成为系统性风险生成与传导的催化力量。[⑤]

（3）金融风险是金融创新的伴生品。金融创新是创造并普及新金融工具、新金融技术、新金融机构和新金融市场的行为。加快金融创新，是当前阶段全面深化金融领域改革的内在要求，也是提高资源配置效率、推动经济发展转型的有力杠杆。但同时，金融创新也是一把双刃剑，在推动经济金融发展的同时，也可能带来新的金融风险。这包括金融创新领域开发所带来的新的风险、金融创新产品迅速发展变化带来的风险复杂化、以监管套利为目的的金融创新带来的风险隐蔽性以及脱离实体经济需求的金融创新可能引致的系统性

---

① 田辉《防范金融风险需知行合一》，《中国发展观察》2016 年第 1 期，第 16 页。

② 非法集资类案件的受害者往往存在这样的错误认知。笔者曾随南京警方走访非法集资案件的受害者，相当部分受害者都提及，曾接收过来自警方的提醒，也曾接到预防非法集资的宣传单，但并未引起足够的重视。在高收益的宣传诱惑下，投资者普遍存在“总觉着自己不会那么倒霉”的侥幸心理。

③ “抢帽子”交易的运行机理正体现了这一点。证券公司、证券咨询机构、专业中介机构及其工作人员，利用其公司或其个人在投资咨询业内的影响，借向社会公众推荐股票之际，通过“先行买入证券、后向公众推荐、待公众跟风买入抬高价格后再卖出证券”的手法操纵市场，以达到单位或个人获利或减少损失的目的。

④ 孙天琦：《金融消费者保护：市场失灵、政府介入与道德风险的防范》，《经济社会体制比较》2012 年第 2 期，第 204 页。

⑤ 董秀红：《从美国次贷危机看我国金融刑法的立法完善》，《政治与法律》2010 年第 4 期，第 49 页。

风险。[①]

综上，金融风险是金融活动的题中之意。过于恐惧金融风险，甚至将金融风险妖魔化，不利于金融市场发展。李克强总理在回答英国《金融时报》记者有关中国政府将如何应对金融风险的问题时指出：个别金融产品违约的情况难以避免，必须加强监测及时处置，确保不发生区域性、系统性金融风险。

（二）金融风险的防范有赖于金融基础性制度建设

讨论金融风险防范，应充分分析个案性金融风险发生的原因，厘清高风险领域，完善金融基础性制度供给，方可在保证金融改革创新过程中守住不发生系统性、区域性风险的底线。有学者对中国金融系统性风险的主要来源做了较为系统的分析，其指出，由于中国资本账户尚未完全开放，且官方外汇储备接近4万亿美元，因此中国基本不可能爆发货币危机；中国股市自2007年进入熊市后，已经发生危机，投资者信心崩溃至今始终没有得到恢复；房地产市场过剩，将成为金融体系系统性风险最为突出的领域，会对银行体系的稳定构成重大危险；由于房地产价格的下跌风险以及全球金融危机后的中国制造业产能严重过剩，陷入“庞氏骗局”的企业日益增多，银行体系存在较为严重的系统性风险。[②] 要在有利于中国经济转型和可持续发展的同时防范上述金融风险，有赖于金融基础性制度建设，这包括法律法规等正式制度性安排，也包括商业文化传统、股权文化传统等非正式制度安排。在正式制度性安排方面，我国主要采取了域外法律移植的方式——借鉴、模仿、复制，勉强算得上有法可依，但仍有需不断完善的地方，包括具体的制度性安排与中国市场的契合度以及对金融系统的调控性等。更值得关注的问题是，相较正式制度性安排，在近二十年的金融市场迅速发展过程中，非制度性制度安排——包括契约精神、诚信原则和股权至上等并没有被金融主体接受并实践，甚至未能获得广泛认同，这是导致金融风险加大的一个非常重要的因素，也是今后金融基础性制度所需解决的问题。

（三）刑法并非治理金融风险之最优效率手段

金融刑法的立法与司法实践表明，“金融风险——金融刑法——金融安全”的预期并未能实现。金融犯罪圈的扩大与刑罚严厉并未能阻挡金融犯罪人的脚步，与立法扩张相对应的，是金融犯罪数量的不减反升，呈现出风险加剧的态势。刑法是治理金融风险的最具强力的一部分，不可或缺，但绝非全部。金融风险是全方位的，是社会转型期各类因素综合所形成的一种状态，犯

① 尚福林：《把握好金融创新与金融稳定的平衡》，《求是》2014年第8期，第23～24页。

② 潘英丽：《对中国金融系统性风险的追问》，《探索与争鸣》2014年第7期，第47～51页。

罪学的研究成果显示，在防控社会风险方面，事前预防比事后打击更为有效。以恶意透支型信用卡诈骗犯罪为例，尽管刑法将恶意透支行为入刑并配置了刑罚，并从2008年起，公安部单独或与人民银行联手，组织了四次相关专项行动，历时长则10个月，短则5个月，以期集中兵力，重拳打击银行卡犯罪行为，但受到经济下行压力增大以及银行有意识的风险放任等影响，此类案件近年来一直保持高发态势，呈现出案件总量上升、涉案金额攀升等特点。[①] 可见，单纯依靠刑法规制并不能实现犯罪的遏制目的。2015年底，P2P案件集中爆发也说明了这一点；由于缺乏必要的监管与引导，P2P平台在很短的时间内成为万人追捧的明星，却又在极短的时间里光环不再，造成投资者损失惨重。追赃与维稳成为了近时期司法工作的重点内容。然而，即便如此，挽回损失的可能性微乎其微，这直接影响了社会稳定。只有正视社会风险产生的原因，从根源入手，方有可能实现社会风险的化解。这是一项综合、长期又复杂的工程，既考验政府社会治理能力的提高和创新，也有赖于社会民众主体意识的提高，过多依赖事后惩治只会体现政府社会治理能力的软弱。同时，会更加剧社会精神焦虑。正如哈塞默尔教授所言，动辄使用刑法“是一种极为荒谬的和刑事政策上使人担心的境况，在这种境况中把通过刑法和警察法进行的犯罪控制作为纯粹的安慰剂来接受，完全不取决于控制的有效性”。2014年10月，党的十八届四中全会审议通过的《中共中央关于全面推进依法治国若干重大问题的决定》明确指出：“促进国家治理体系和治理能力现代化……推进多层次多领域依法治理……”再次强调社会复合治理的重要性。化解社会风险不应成为刑法过度扩张的借口。

（四）金融刑法应坚守其保障法地位

作为宪法以及一般部门法的保障法，[②] 金融刑法并不直接，也不应直接针对所谓的金融风险，其规制的对象是违反金融法风险分配规则行为导致的风险。简言之，金融法是针对金融市场原生风险的调控与管理，而金融刑法则只是针对再生风险（违规风险）的否定。在功能上，金融法与金融刑法有明显的界分。金融法负责设计金融发展道路上的“交通规则”，以保证各行驶主体行走顺畅，并通过对偏离轨道行为的处罚以威慑并保证参与主体对道路规则的

---

① 蒋苏淮：《公安专项治理走向“常规化”的路径探索》，《公安研究》2015年第10期，第49页。

② 首先，刑法具有补充性，只有当一般部门法不能充分保护某种社会关系时，才由刑法进行保护；其次，刑法具有独立性，其所规制的对象并非“违反所谓第一次规范的行为”，而是根据特定的目的判断某种行为是否需要给予刑事制裁。参见张明楷：《刑法在法律体系中的地位：兼论刑法的补充性与法律体系的概念》，《法学评论》1994年第6期，第50~56页。

尊重与执行。而刑法则通过对偏离较大，金融法规制已无法实现威慑作用的行为定罪处罚来完成保障金融法顺利实施的任务。

刑法不可能是一把万能钥匙。刑法不可能也不应该触及社会生活的方方面面，也不应该对社会生活过分控制。“法律不关心琐碎的事情”（De minimis non curat lex）。对刑法工具性的过度强调必然使得刑法再次落入“刀把子”的窠臼，而对于包括刑法在内的法律的宏大期待，一方面，极有可能造成思想的简单化、绝对化，使人们在一些重大问题上失去反思和提问的能力，因为认为刑法可以解决一切社会事务的观点的一种潜台词便是：国家有能力包揽全部的社会事务，以所谓的“理性”代替传统，用认为的规划去取代自生的社会秩序；另一方面，更为严重的是，这极易引起民众对法律乃至法治建设相反的情感，当法律无法达到人们的预期时，它便常常沦为嘲弄的对象，“法律无用论”的生动素材，成为在司法活动中公然戏弄国家现行法律的借口。①

二、根据情势变化及时调整

当前，我国经济发展正处于加快转型的关键时期。在国家经济转型和结构调整的大背景下，金融改革不断深化。从2013年开始，国家陆续出台了一系列涉及金融改革的政策，如取消贷款利率下限、取消票据贴现利率管制、扩大人民币汇率浮动区间等，推出或即将推出多项涉及股市债市的品种或政策，如国债期货、融资融券扩容、拟发行优先股等，大力发展互联网金融，允许民间资本发起设立自担风险的民营银行、金融租赁公司和消费金融公司等。金融改革的推进与深化，新的金融措施的出台改变了金融法与金融刑法赖以生存的社会基础。这要求作为保障金融市场健康发展，金融改革顺利实现的金融法以及金融刑法立法必须紧跟金融市场变化，根据情势变化，做出及时的调整。

需要特别强调的是，刑法作为“二次法”，在面对情势变化时，应遵循入罪克制、出罪及时的原则。具体而言，金融刑法的入罪设定需以金融法规范为前提，而出罪，则无须等待金融法修改。有学者从“有先无后”与“前后不一”两个角度批评现行的金融刑法与金融法的衔接问题。“有先无后”的观点认为，现行金融刑法与相关金融法之间欠缺协调。如《反洗钱法》在法律责任的最后——该规定33条——规定“违反本法规定，构成犯罪的，依法追究刑事责任”。然而，包括违反可疑交易报告制度在内的多行为在刑法上可能并不能找到适宜的罪名，因为洗钱罪的入罪要求是以行为人“明知是毒品犯罪

① 蒋苏淮：《中国特色社会主义法律体系建成后“立法中心主义”的转向》，《河北法学》2012年第4期，第4页。

等所得”为必要条件。这样，对于那些仅违反报告义务而不明知来源的行为则不具有“发动刑罚的可能性”。这种在金融法中先行规定了行为需要追究刑事责任，而刑法中却未有相应犯罪规定及刑事责任设计的情况屡有出现，使得金融法条款陷入有法定却无法依的困境。①“前后不一”的批评则认为，金融刑法与金融法（附属刑法）规定不一致，包括对同一罪名的罪状描述不完全一致，以及对同一行为的处罚规定不同。②在笔者看来，这两种批评均不合理。尽管在法益保护方面，金融刑法与金融法具有一致性与承袭性，但是，刑法作为其他一切法律制裁的力量，有其独立的法律品格。刑法作为整个法网体系的最后保障法，对法益的保护仅具有辅助性，因此，其与前置法的法益保护边界必须遵守比例原则，即在刑法与金融法之间设置一定宽度的“安全槽”，奉行“穷尽经济法律调整”的理念。③比例原则的实现一方面有赖于金融刑法立法的审慎选择，另一方面，有赖于金融刑法基于立罪基础变化而及时予以去罪化。简言之，金融法中“构成犯罪”之规定仅是金融刑法立罪之必要条件，而非充分条件，其为金融刑法立罪架设了制度通道，但并不表明该行为即为犯罪。

三、立足于本国实践

（一）审慎移植

为了在短时间内实现“有法可依”，我国在金融立法上普遍采取了法律移植的方法。在学界的研究中域外经验也是重要的研究内容。罗斯科·庞德说：“一种法律制度的历史在很大程度上乃是向他国法律制度借用材料以及将法律以外材料加以同化的历史。”有关法律移植与本土化问题，当前学界的趋同观点是：法律移植必要且可行，但必须与中国国情和实际相结合，应“注意研究借鉴国外的立法经验，从中吸取那些对我们有益有用的东西，但决不照抄照搬”。（2011 年人大常委会工作报告语）然而，知易行难。尽管理论上已经做了厘清，但在实际制度建构上却极易陷入困境。④在法律制度创设的过程中，移植的优势是明显的：方便——先进的法律制度为中国的法律制定提供了参考

① 张小宁：《“规制缓和”与自治型金融刑法的构建》，《法学评论》2015 年第 4 期，第 62～74 页。

② 袁林、吕垚瑶、吕昭义：《金融风险防范视野下我国金融刑法创新研究》，《西南政法大学学报》2013 年第 6 期，第 56～62 页。

③ 魏昌东：《经济风险控制与中国经济刑法立法原则的转型》，《南京大学学报》（哲学·人文科学·社会科学版）2011 年第 6 期，第 111 页。

④ 蒋苏淮：《法治在中国：问题，反思，启示》，《江苏警官学院学报》2009 年第 5 期，第 64～69 页。

样本；必要——弥补了现行法律制度的不完善之处、为迅速建立我国社会主义法律制度的一条捷径；可能——历史上移植他国法律来建立本国法制的成功事例（如日本）证明了这一点。因此，在遇到“本国需要”的法律制度时，“我们习惯性的论证方式是直接引用概念和法律文本，而相对忽视了对法律文本背后的社会、历史、政治、经济环境等的研究”①。法律移植的目的是功能性的，它解决的是移植者迫切需要解决的问题，但是显然，这种以纯粹技术性移植的方法来研究和解决中国问题的路径的效果不甚理想。

例如，在禁止内幕交易的制度设计上。以美国为代表的反欺诈理论逻辑与以欧盟为代表的市场诚信理论逻辑在我国法律中均有体现，这使得法律规则存在疏漏和冲突，造成了禁止内幕交易监管和司法实践的困境。② 还有学者以大陆法系法律为蓝本，来论证金融刑法中大量引入抽象危险犯的必要性③，然而，必须强调的是，中西方刑法在入罪模式上是存在差异的，生搬硬抄只会导致法律体系自身的矛盾与混乱。大陆法系国家基于对警察权的限制，采用一元模式，将涉及剥夺或限制公民人身权利以及剥夺公民财产权利的权力都划归于司法权，把行政违法行为设定为不需要具体危害结果发生的行为犯，即具体的危险犯和抽象的危险犯。而我国的法律体系对于违法行为设置了三级制裁体系，即刑事处罚、治安处罚和行政处罚。通过刑法以及相关司法解释，将罪与非罪（可罚）行为进行明确的界分。只有在行为、危害结果达到一定严重程度时才认定为犯罪。这种二元制的处罚模式注定了在中国，刑法的适用场域必然小于法德日等大陆法系国家。

对待法律移植，必须得审慎而有节制，决不可操之过急，必须是建立在详细的调查研究的基础之上，经过充分的论证，在充分考察法系内已有规定及执行配套机制之后，决定取舍。有观点认为：“法律移植最坏的结果大不了是付出一定代价，去除植体，恢复原貌，而生物器官移植的最坏后果则可能是受体灭亡。也许这正是法律移植得以成行的最重要的原因之一。”笔者对此不能苟同。法律的剧烈而快速的变化会对人们的行为预期造成影响，频繁地修改法律会在破坏原有秩序的同时，阻碍新秩序的形成，最终导致无序状态的出现。因此，对于立法者而言，审慎是其应具备的主要美德，任何立法行动都必须顾及长远的后果，而不应仅仅只考虑民众所要求的一时的痛快。

---

① 熊秋红：《2003 年刑事诉讼法学研究状况》，《中国法治发展报告》，社会科学文献出版社 2005 年版，第 365 页。

② 李支：《我国禁止内幕交易制度的理论逻辑及其反思》，《学术界》2015 年第 7 期，第 161 页。

③ 许其勇：《金融诈骗罪的立法重构》，《中国刑事法杂志》2004 年第 3 期，第 44 页；高艳东：《金融诈骗罪立法定位与价值取向探析》，《现代法学》2003 年第 6 期，第 148 页。

但是，审慎法律移植，不代表不能有效借鉴。这既包括对新兴事物发展可能趋向的关注，也包括对监管制度的吸纳。金融市场的发展有其共性点。纵观我国的金融市场发展，有很多都来自域外经验。比如 2013 年以来在中国呈"井喷"式发展的互联网金融模式。论及互联网金融，在美国可追溯到 20 世纪 90 年代。当时，美联储发现此前一直较为稳定的 M2 与实体经济增长之间的关联度开始下降。在此背景下，美联储不得不彻底放弃数量型货币政策工具，进而全面转向以联邦基金利率（Federal Fund Rate）为中介目标的价格型货币政策。互联网金融便是在这样的背景下出现并迅速发展，到 2000 年前后已经形成了较为完整的产业层级和产业链条（Claesens et al.，2002）。在此背景下，互联网金融及其发展与监管问题引发了美国当局以及国际社会的普遍关注，组织了数轮关于电子金融发展的研讨会，从不同方面深入探讨了互联网技术与传统金融行业的融合问题（Sato and Haokins，2001；Alen et al.，2002；Schaechter，2002）。并在已有法律的基础上，进一步地完善监管。中国的互联网金融模式来源于美国，P2P 网贷的引进最初就是完全复制了美国最具代表性的两大 P2P 公司 Lending Club 和 Prosper 是运营模式。尽管市场背景不同，但针对 P2P 网贷模式，美国也已积累了较为丰富的监管经验：将其作为资产证券化一种网贷模式，要求必须遵守证券监管法案、银行监管法案和消费者信贷保护法案三类法律，这些法案通过规定信息披露、利率限定、隐私保护、采取反洗钱措施、公平对待所有投资人等，对投资人和借款人提供了保护，降低了借贷双方所面临的风险。同时，采取多部门分头监管、联邦与州共同监管的框架。由证券交易委员会（SEC）与各州证券监管部门侧重于保护投资人，联邦存款保险公司（FDIC）、各州金融机构部、消费者金融保护局（CFPB）侧重于保护借款人。其中，SEC 是监管 P2P 最重要的机构。[①] 反观我国在互联网金融方面的发展，尽管发展时间短，发展速度却超乎想象，教训比经验更不容忽视。仍以 P2P 网贷为观察对象。一般认为，金融抑制和技术进步是中国 P2P 网贷模式迅猛发展的两个主要原因，然而，由于缺乏监管（在相当长的一段时间内未予明确 P2P 网贷的法律性质，导致监管真空），行业准入门槛极低，个人征信系统尚不健全等因素，其负面影响已波及全国。2015 年 7 月，南京市对外发布了的非法集资案件的受理和审理情况，数据显示，自 2013 年始，非法集资案件呈现井喷式爆发，其中 P2P 网贷成重灾区。[②] 在各大门户网站对

---

① 王达：《论美国互联网金融的主要模式、演进及启示》，《亚太经济》2014 年第 4 期，第 70～73 页；中国人民银行金融研究所：《新金融时代》，中信出版社 2015 年版。

② 《去年来南京非法集资涉案 50 亿 P2P 网贷成重灾区》，新华网，http://news.xinhuanet.com/local/2015－07/29/c_1116070237.htm，2016 年 4 月 24 日访问。

2015年的金融总结中，“跑路”一词成为了P2P风险最鲜活的注解。在笔者看来，这种对于可预见的风险的放任，实乃监管部门之失职与金融基础法律之失当。学界针对金融刑法创新不足的批评，不论是批评其缺乏对新兴融资交易方式的关心与规制，无法有效抵御因金融创新带来的风险，从而弱化了金融刑法的风险防控功能，还是担忧现行刑法规定可能阻滞金融创新，在笔者看来，都是对金融刑法的过分苛责。要保障互联网金融健康发展，最先需要做的，就是明确其法律地位，理顺基础性法律关系。在这一方面，域外经验给予了国内监管立法以有力帮助。

（二）不可超前立法

学界对于金融刑法立法，有一种批评声音认为现行金融刑法前瞻性不够，这是导致金融刑法频繁修改的原因之一。该观点指出，刑法不仅要对现实生活中具有严重危害性的行为作出规定，也应当对可预见的未来的严重危害生活的行为加以规定，对金融犯罪应加强超前立法，以避免因社会形势发展而导致刑法滞后的问题。还有学者指出，现行金融刑事立法建立在传统金融交易模式之上，缺乏对新兴融资交易方式的关心与规制，因此，无法有效抵御因金融创新带来的风险，从而弱化了金融刑法的风险防控功能。金融创新理念要求金融刑事立法拓宽立法视域，保持对金融创新的高度敏感，尤其对于网络虚拟经济如淘宝交易、网络融资平台等新型交易方式的犯罪手段做出高效的制度回应。①

然而，法律是经验的总结，而非单纯的理性建构。法律就其本性来说，应是一种保守的社会力量。这表明，首先，法律必须尊重传统，重视经验，而不是理论的预先设计。法律作为一种对社会关系进行制度性安排的工具体系，是离不开理性设计的。究竟什么样的既有秩序需要进入法律的视野，由法律予以规定，以及法律需向何种方向发展以确立新的符合社会发展需要的秩序，这些都需依赖理性的选择。然而，理性并非是人类先天的禀赋，它是在人类自身的演进过程中逐步形成的，是人类实践智慧的结晶。同时，理性也并非是万能的，人的知识的局限决定了理性的局限。人无法对社会进行整体上的有意识的设计，因为现实的社会秩序经常是超乎人的理性预期的。因此，在制定法律时，尊重先辈的智慧，尊重传统、习俗和经验是必要的，因为只有这样才能弥补人类理性能力的不足，才能把理性的作用发挥到恰如其分的地步。

其次，对法律的修改必须是审慎而有节制的，必须建立在详细调查研究的基础之上，经过充分的论证，不到势在必行的地步，就不应进行。现有的法律制度也许存在着种种不足，但是，即便不是最好的，至少不会变得更坏。轻易

---

① 吕垚瑶：《论我国金融犯罪刑事立法理念的重构》，《辽宁警专学报》2015年第1期，第8页。

修改的法律制度由于其未经充分论证，却有可能事与愿违。法律要求对人、对事的普遍性，使它势必不能朝三暮四或朝令夕改，它不是以其“先锋性”满足社会的革新者对于未来的畅想，而是以它的“老规矩”“萧规曹随”满足社会的多数人对可预期生活的需求。法律剧烈而快速的变化会对人们的行为预期造成影响，频繁修改法律会在破坏原有秩序的同时，阻碍新秩序的形成，最终导致无序状态的出现。

事实上，立法实践表明，无论立法者对法律进行多少次的修改和制定，法律总是滞后于社会发展的。这便是为何“社会在特定时代的一些‘精英’或‘先知先觉者’往往会感到一个社会的法律发展似乎总是与他们所感受的时代潮流‘慢半拍’，甚至有时感到法律制度本身就是压制性的”的原因了。保守性是法律本性，对于具有最强约束力的刑法更是如此，这是刑法谦抑性的必要要求。应只将已有充分经验的行为纳入刑法范畴，对于出现的新情况，若无斗争经验或尚未储备充足斗争经验，不宜贸然入罪。这是针对刑法“创新不足”苛责的部分回答。

（三）重视金融前置法经验

对于金融刑法而言，其自由核心价值取向与谦抑性要求以及金融犯罪的法定性特征要求金融刑法立罪逻辑规则应是“立罪至后”，即在金融前置法没有规范的情况下，刑法不应介入，在前置法未积累足够经验的情况下，刑法必须保持必要的抽离。

从规范层面说，我国已建立起较为完善的金融法律体系，形成了由法律、行政法规、部门规章、规范性文件组成的多层次法律规范体系。金融法律包括《保险法》《反洗钱法》《银行业监督管理法》《公司法》《证券法》《对外贸易法》《票据法》《外国中央银行财产司法强制措施豁免法》《中国人民银行法》《商业银行法》《证券投资基金法》《信托法》《全国人民代表大会常务委员会关于中国银行业监督管理委员会履行原由中国人民银行履行的监督管理职责的决定》《全国人民代表大会常务委员会关于惩治骗购外汇举报外汇违法案件奖励试行办法》等；金融法规包括：《外汇管理条例》《证券公司风险处置条例》《证券公司监督管理条例》《期货交易管理条例》《机动车交通事故责任强制保险条例》《外资银行管理条例》《外资保险公司管理条例》《金融机构撤销条例》《金融资产管理公司条例》《个人存款账户实名制规定》《人民币管理条例》《金融违法行为处罚办法》《非法金融机构和非法金融业务活动取缔办法》《境内机构对外担保管理办法实施细则》《中国人民银行货币政策委员会条例》《国务院关于金融体制改革的决定》《国家货币出入境管理办法》《储蓄管理条例》等。

金融法体系的完善为金融刑法的设置提供了依据。通过金融法的运行，可以有效总结金融管理经验，对于一些严重侵害金融主体合法权益以及金融秩序的行为，若金融前置法手段无法达到有效治理，可有选择地予以犯罪化，同时，当由金融法所确立的市场经济规则变动时，应及时对金融刑法做出调整，避免不当入刑。

第三节　适应金融犯罪全球化趋势

国际金融监管体制的建立要求金融法制必须纳入国际化的发展轨道，即各个国家在建立一套完备的法律程序、完善本国金融法律体系、加强对本国金融市场监管力度的基础上，依托国与国之间的相互信任、理解、合作以及相关国际条约、国际公约和国际惯例，建立起协调、有效、完善的国际金融法制，同时又要注重以某些刑事法律规范作为维护国际金融法律秩序的基本手段，即体现出金融法制的基本特征之一就是以强制力为后盾，包括动用刑事法律作为保障手段。①

我国金融刑法对国家国际义务的承担的反应是敏捷的。洗钱罪的刑法设定与修改过程就体现国际公约对刑事立法的影响。1985 年我国加入了《麻醉品药品单一公约》（简称“61 公约”）和《精神药物公约》（简称“71 公约”），1989 年加入了《联合国禁止非法贩运麻醉药品和精神药物公约》（简称“88 公约”），为了履行公约义务，1990 年全国人大常委会通过了《关于禁毒的决定》，明确规定针对毒品犯罪的“为犯罪分子窝藏、转移、隐瞒毒品或者犯罪所得的财物的，掩饰、隐瞒出售毒品获得财物的非法性质和来源的，处七年以下有期徒刑、拘役或者管制，可以并处罚金”。后 1997 年刑法正式将其纳入刑法体系，规定为洗钱罪。2000 年包括中国在内的 118 个国家签署了《联合国打击跨国有组织犯罪公约》，2001 年中国签署加入《制止向恐怖主义提供资助的国际公约》，为惩治对恐怖活动洗钱的犯罪活动，《刑法修正案（三）》进一步扩大了洗钱罪上游犯罪的范围，将其延伸至“毒品犯罪、黑社会性质的组织犯罪、恐怖活动犯罪、走私犯罪”。2005 年中国加入《联合国反腐败公约》，根据公约要求以及本国过往的斗争经验，再次修改刑法，将洗钱罪上游犯罪扩展至“毒品犯罪、黑社会性质的组织犯罪、恐怖活动犯罪、走私犯罪、贪污贿赂犯罪、破坏金融管理秩序犯罪、金融诈骗犯罪”。

随着全球金融一体化进程的推进，可以预见，未来中国将会在更多领域参

---

① 卢勤忠：《中国金融刑法国际化研究》，中国人民公安大学出版社 2004 年版，第 11 页。

与国际合作。以中国为主导的全球化金融格局和全球化经济发展方式业已开始形成。作为公约义务，需及时将相关条约规定的犯罪转化为国内法上的犯罪，并设置相应的法定刑，以保证公约的效力。但仍需强调的是，应注重多层次社会复合治理，化解金融风险不应成为刑法过度扩张的借口。

小　结

本章讨论的是金融刑法的立罪依据问题。就金融刑法而言，其立罪首先应遵循宪法的指引。做到尊重与保障人权，对不同性质经济体平等保护，正确处理权利保护与秩序保障之间的关系。其次，金融刑法立法应立足于国家金融发展现实，并回应金融市场发展需要。金融刑法的自由核心价值取向与谦抑性要求以及金融犯罪的法定性特征要求金融刑法的立罪逻辑规则应是“立罪至后”，即在前置法没有规范的情况下，刑法不应介入，在前置法未积累足够经验的情况下，刑法必须保持必要的抽离。为了在短时间内实现“有法可依”，我国在金融立法上普遍采取了法律移植的方法。在学界的研究中域外经验也是重要的研究内容。对待法律移植，必须是审慎而有节制的，必须是建立在详细的调查研究的基础之上，经过充分的论证，在充分考察法系内已有规定及执行配套机制之后，决定取舍。当然，审慎法律移植，不代表不能有效借鉴。这既包括对新兴事物发展可能趋向的关注，也包括对监管制度的吸纳。金融刑法立法应及时回应犯罪化的现实需要，根据情势变化及时调整罪刑设计。学界针对金融刑法创新不足的批评，不论是批评其缺乏对新兴融资交易方式的关心与规制，无法有效抵御因金融创新带来的风险，从而弱化了金融刑法的风险防控功能，还是担忧现行刑法规定可能阻滞金融创新，在笔者看来，都是对金融刑法的过分苛责。刑法的立罪设计必须是建立在详细的调查研究的基础之上，经过充分的论证，在充分考察法系内已有规定及执行配套机制之后，决定取舍。对于出现的新情况，若无斗争经验或尚未储备充足斗争经验，不宜贸然入罪。在金融全球化背景下，金融刑事立法应体现国家积极履行国际责任的态度，以适应金融犯罪全球化趋势。

第三章　金融刑法的立罪边界

本章试图解决以下问题：在金融领域哪些利益应该受到刑法保护，哪些不能？以及侵害或者威胁这种利益的行为达到何种程度才应当得到刑法的否定性评价？这关涉到保护法益选择与确定、罪量限制以及除外情形。

第一节　金融刑法的保护法益

本节将尝试运用法益理论指导金融刑法的保护法益的选择与确定。法益理论是来自德、日刑法的舶来品。其强调：法益是现代刑法的核心，是刑法建立刑罚正当性的前提与特定行为入罪化的实质标准。从法益理论的发展历程看，其之所以受到当代学界的重视，源自于其对个体自由的充分尊重与保护的出发点，强调防止国家公权力的不当扩张。其后，为了适应社会需要，法益理论得到进一步的发展，表现为法益内涵由物质向精神扩张，法益的范围蔓延至超个人法益以及法益的基点扩展至非人本思维。[①] 然而，晚近，法益理论受到了来自多方面的质疑。一种颇为流行的观点——风险刑法理论认为，刑法应以防范风险发生为目的，因而不再预设法益的特定内容，不关注个体法益的保护，仅以一般危险性和预防必要性作为划定可罚性的界限，以义务违反取代法益侵害作为处罚的基础，将违法性而非社会危害性作为犯罪的本质特征，以此否定法益理论。[②] 另有观点从“法益论立法批判功能的弱化或丧失”以及“法益论解释机能的障碍”两方面对法益理论进行了批判。认为传统法益保护观念中的法益观，是一种个人主义的法益观，强调基于个人主义、自由主义的国家观，协调个人与国家、社会、他人的利益冲突。要达到这个目标，法益侵害说视野中的法益就应当是具体的、与个人有紧密联系的利益。然而，由于立法实践不断地突破这一界限，现行刑法处罚范围扩大化以及刑法不断早期化的倾向致使很多新增罪名的法益保护内容并不明确，这体现了法益理论立法批判功能的弱

---

① 舒洪水、张晶：《近现代法益理论的发展及其功能化解读》，《中国刑事法杂志》2010 年第 9 期，第 16 页。

② 魏东：《风险刑法理论研究综述》，《山东警察学院学报》2012 年第 9 期，第 31 页。

化或丧失。同时，刑法的过度扩张也反映了用法益理论来限制刑事立法边界的尝试以失败告终。①

对于上述观点，笔者的理解是，尽管法益理论的发展不断突破其最初的功能设定，呈现出逐渐功能化的趋向，但仍不失为一种针对刑法干预的有效限制手段。诚然，法益概念的扩张稀释了法益理念，已经背离了法益理论创设之初的本意，这种法益概念的贬值，使节制可罚性范围的最初目的也难以达成。但其至少对立法行为设定了一个较为明确的界限，同时，在法益理论上，笔者更为赞同克劳斯·罗克辛教授的观点，也将在下文讨论以该观点为主要出发点与论证工具："刑法的任务在于，使其公民在由宪法所保障的基本权利获得维护的前提下，自由而和平地共同生活在一起。如果我们把这项任务归结为法益保护，那么法益指的就应当是所有的这些事实和目的设定，它们对于个人自由地发展自己，对于个人实现其基本权利，以及对于建立在该目标观念之上的国家制度发挥其作用来说，都是必不可少的……从这种法益理论出发，我们可以推导出一个至关重要的、对自由起着捍卫作用的结论，即如果罪刑规定既不是为了保护个人的自由发展，也不是为了保护实现个人自由发展的社会条件（例如正常的司法和国家行政），那么该规定就不具有合法性。"②

一、金融刑法的保护法益归根到底是个人法益

对于金融刑法的保护法益，学界有不同的认识。

有论者提出集体法益的观点，认为金融秩序、公共信用等社会法益，以及国家安全、国家的司法作用的等国家法益，都属于集体法益范畴。其理由是：首先，否定集体法益，难以应对现代风险社会的风险；其次，集体法益具有广泛的包容性，在消耗上不具有相互竞争的效果，且具不可分配性，这是集体法益独立存在的特质；最后，集体法益为法益的提前保护提供了可能。③

有论者从资源优化配置角度论证经济刑法保护的法益是公共利益。认为资源优化配置原则是经济法的价值目标与基本原则。其实现主要通过市场与计划两种方式。市场配置条件下：市场这只看不见的手指引着追求私利的个人从事着同时也促进社会公共福利的生产活动。从这个层面说，以市场为主体的资源

---

① 舒洪水、张晶：《法益在现代刑法中的困境与发展》，《政治与法律》2009 年第 7 期，第 105 页。

② ［德］克劳斯·罗克辛：《对批判立法之法益概念的检视》，《法学评论》2015 年第 1 期，第 55 页。

③ 王永茜：《论集体法益的刑法保护》，《环球法律评论》2013 年第 4 期，第 71 页。

优化配置是一种公共利益。[①]

有论者提出金融刑法的保护法益是金融秩序。[②] 以此来解释金融诈骗罪在罪量标准上为何较以财产利益为保护对象的单一侵财型犯罪高的原因：刑罚的设计主要反映法益侵害状况乃至全罪可罚违法程度的功能。金融犯罪不仅体现被害人的财产损害，也反映对主要法益——金融管理秩序的侵害程度。因此，肩负双重任务的特别法条的犯罪数额高于仅需反映单一财产法益侵害的普通法条。国家的金融管理秩序还不至于脆弱到两三千元就需要动用刑罚处罚的程度。[③]

还有论者通过对集体法益理论的批判，阐述刑法所确定的国家法益以及社会法益必须能够还原为个人法益的观点。该观点指出，集体法益并非一个具有独立的存在特质的概念，首先，否定所谓的集体法益，并不会给应对现代风险带来障碍；其次，维持个人法益与集体法益的二元结构，难以解决二者哪个优先的逻辑问题；再次，所谓集体法益的包容性、消耗上的非竞争性、不可分配性更没有为集体法益的独立性品质提供任何根据，恰恰证明了集体法益无非是个人法益的集合体；最后，脱离个人法益，所谓的集体法益将会变成空洞无物的东西。[④]

尽管表述不同，前四观点有共通之处，即均承认超个人法益[⑤]是相对于个人法益而言的，二者是一种描述性的分类。但在超个人法益与个人法益的关系上，前三种观点与后一种观点存在本质上的差异。前三观点主张法益二元观，强调金融刑法保护的是具有独立特质的超个人法益（集体法益、公共法益、金融秩序）。超个人法益并非纯粹依附于个人法益上的非独立概念，而是一种“社会本位”的思考模式，由社会决定超个人法益的内涵。第四种观点则持法益一元论观点，强调以个人法益侵害为核心的结构，力求以个人法益所呈现的特色来理解超个人法益的概念内涵，并且强调所有的超个人法益均必须得以还原为个人法益的侵害为限，才能得到保护。法益一元论将超个人法益视为个人法益的下位概念。

笔者赞同最后一种观点，即法益一元论。这也许与现存主流观点存在巨大差异，甚至被认为与刑法现实发展脱节，但笔者仍坚持金融刑法的保护法益首先应是个人法益的观点，其对超个人法益（集体法益、公共法益、国家法益）

---

① 龙兴盛：《经济违法行为刑事制裁介入度研究》，湖南大学2014年度博士学位论文，第62页。

② 刘远：《金融欺诈犯罪立法原理与完善》，法律出版社2010年版，第328页。

③ 王彦强：《犯罪成立罪量因素研究》，南京师范大学2013年度博士学位论文，第216页。

④ 雷东生：《刑法保护法益的判断规则》，《法制与社会发展》2015年第6期，第164～165页。

⑤ 根据王永茜博士的概念厘定，刑法理论基本上是在统一意义上使用全体法益、社会法益、超个人法益、普遍法益、公共法益、集体法益等概念。其中，超个人法益或集体法益是相关资料中出现的最为频繁的概念，以表征法益概念中与个人法益相对的，却具有关联性的那部分利益。在下文中，笔者也将从这一意义上使用“超个人法益”这一概念，以便于说明。

的选择应以能还原为个人法益为限。在笔者看来，个人法益与超个人法益之间应存在一致性，当出现个人法益与超个人法益发生冲突的场合，立法应将个人法益保护置于优先考量地位，以防止为了追求超个人法益保护而对个人法益保护可能带来的伤害。因为从本质而言，超个人法益是个人法益的下位概念。

这种坚持，基于以下理由：

首先，超个人法益无法脱离个人法益而独立存在，即明确超个人法益的独立性并不可行。若将超个人法益视为独立于个人法益的独立概念，就必须要赋予超个人法益以区别于个人法益的独立概念。按照法益二元论支持学者的观点，个人法益无法解决“量的集合”的问题，因此需引入超个人法益的概念：“在分析个人财产法益与公共财产法益的关系时，将公共财产作为个人财产的量的集合或许可能成立；但在分析个人生命法益与公共生命法益的关系时，将公共的生命安全作为个人生命的量的集合就是不可能的了。因此，一旦社会价值开始重视国家安全等超个人法益，个人法益与超个人法益在理论上的地位就必然随之发生变化。”[①] 超个人法益具有使用上的包容性，消耗上的非竞争性以及不可分配性[②]，这是其独立存在的必要性依据。简言之，在法益二元论学者看来，超个人法益“具有不可分割性及其根源上的特殊性”[③]，这是超个人法益的独特性之所在。然而，究竟何谓超个人法益？王永茜博士在《论集体法益的刑法保护》一文中试图通过“集体法益的重要性”、“集体法益的独特性”以及“提前保护的有效性”来论证集体法益（即本书所使用的“超个人法益”，下同）保护的必要性及其特征，并通过“具有价值上的重大性”“排除不真正的集体利益”“具备必要的明确性”以及“符合比例原则”来限定集体法益保护范围，但由于其并未能给出集体法益的切实概念，同时，对集体法益的保护范围也仅仅是描述性的，而使得该理论框架只能是一种空中楼阁式的构建。王永茜博士指出，刑法所保护的集体法益应“具有价值上的重大性”，

---

① 王永茜：《论集体法益的刑法保护》，《环球法律评论》2013 年第 4 期，第 67 ~ 80 页。王永茜博士在文中使用的是“集体法益”一词，为了与前文保持一致，笔者将其文中“集体法益”全部替换为“超个人法益”以便说明。这种替换并不会改变作者的基本观点，因为在文中，作者指出，超个人法益与集体法益实为同一概念，只是表述不同而已。

② 雷东生博士批判道，这恰恰说明了集体法益无非是个人法益的集合体，正是也为所谓集体法益无外乎是个人法益的集合，所以所有组成集体的个人都可以“使用”；正是由于集体法益是每个个人法益的集合，所以在每个个人享有集体法益中的自己的利益时，并不影响其他的个人同样享有所谓集体法益中的自己的利益；正是由于集体法益是不特定或者多数个人法益的集合，即所谓集体法益对某个个人而言，必然包含了不属于该个人的其他个人的法益。因此，集体法益不能整体地分配给组成集体的每个个人，这恰恰证明所谓的集体法益无外乎是个人法益的集合体，并不具有独立的品质。

③ Soto Susana Navarro, *La protección penal de los bienes collectivos en la sociedad moderna*(Granada: Editonal Comares, S. L. ,2003) ,p. 194.

并提出这种价值衡量应该根据集体法益对具体的个人可能造成的损害的反射效果来进行。这恰恰论证了“超个人法益无法脱离个人法益而独立存在”这一法益一元论观点。实际上，脱离了个人法益，超个人法益将或变成空洞无物的东西，或偏离法益保护的正当性：（1）法益二元论的支持学者认为提前保护的有效性决定了刑法对超个人法益的保护必然性。认为刑事立法将特定领域的超个人法益作为对个人法益保护的前阶，直接将其作为刑法保护的对象，而不必等到对个人法益的侵害或者具体危险结果实际发生，这对于法益保护来说，将更为有效。然而，显然，这里作为个人法益保护前阶的超个人法益仍然是以个人法益为内容的，否则无法实现其后与个人法益保护的衔接。而若超个人法益完全脱离个人法益的内容，那么究竟什么是集体法益呢？由谁决定超个人法益的内容？（2）对缺乏个人法益基础的所谓的超个人法益的进行保护可能对社会发展产生负面影响。以危险驾驶罪这一抽象危险犯为例，刑法设立该罪的目的并不因为其对交通管理秩序的违反，而是基于其可能侵害他人（不特定或多数个人）的生命或健康法益。如果我们执意地将交通秩序作为超个人法益，对所有违反交通秩序（如汽车压双黄线、闯红灯）的行为人都课以刑罚，最终导致的将是有车一族再也不敢上路。

其次，超个人法益无须脱离个人法益而独立存在，即明确超个人法益的独立性并不必要。正如王永茜博士所言，各国立法例都在保护个人法益（人身、民主、财产等）的犯罪之外，规定了侵害超个人法益（国家安全、公共安全、经济秩序、国防利益等）的犯罪。在这一点上，一元论与二元论并不存在分歧。[①] 换言之，法益一元论与二元论的分歧并不在于是否承认超个人法益，而在于是否承认超个人法益的独立性，在于对超个人法益与个人法益的位阶关系认识上。因此，以超个人法益的重要性以及提前保护的有效性来论证刑法对超个人法益的必要性，以此论证法益二元论的观点并不准确。因为法益一元论并不否认刑法对超个人法益的保护，只是强调这种保护应以个人法益保护为基础。从这一点而言，显然，即便不承认超个人法益，也不会给应对现代风险带来障碍。

最后，超个人法益不应脱离个人法益而独立存在。法益二元论之所以要强调超个人法益的独立地位，其目的无非是当超个人法益与个人法益发生冲突时，为刑法优先保护超个人法益做理论铺垫。然而，这种将超个人法益（集体法益）作为一个整体来衡量其对生活制度的重要性的集体至上的路径极有可能导致国家的刑罚权过度扩张，从而侵害个人利益。事实上，所有个人法益在刑法的评价上都应具有等值的性质，因此不应允许刑法为了保护多数人的利

① 王永茜：《论集体法益的刑法保护》，《环球法律评论》2013 年第 4 期，第 69 页。

益而牺牲个人的利益。正如英国哲学家菲力帕·福特提出的电车难题[①]一般，唯多数人利益的处理方式（功利主义）[②] 本身就是不公平的，极有可能带来的是多数人的暴政。

另有学者从自由主义和社群主义视角提出了“自上而下地建构一个合乎论者自身态度的、具备所谓批判功能的超个人法益。”论者认为一元个体主体法益观（自由主义法益论）的经验的或先验的个人形象，要么与其法益的整体价值相冲突，要么忽略了一个真实的人类社会之样态，均不能担当其超个人法益背后的主体角色。社群主义的超个人法益能够发挥风险应对机能、促进社群整合和认同机能、积极福利供给机能和文化契合机能，为环境犯罪累积犯提供正当的立论基础，为有关象征性刑事立法提供正当的立论基础，为国家的象征符号提供刑法保护的正当性基础，为社会安宁和秩序法益提供更为积极的保护。超个人法益更青睐与刑法的保护法益原则，同时将控制刑罚权的任务交给了程序性的商谈原则。[③]

对此观点，笔者的回答是：论者利用社群主义理论批判了自由主义法益概念的基因缺陷，指出刑法中的超个人法益是个体法益存在的先在基石。这种将西方社群主义的观点不加论证拿来就用的做法使得该理论证成并不具有十分的说服力。因为如果学者使用自由主义观点展开论证，可能会得出完全相反的结论。实际上，当代西方自由主义与社群主义的争论核心是善与公正的问题。自罗尔斯对他自由平等人的观念进行修正，主张其只是一种对所有宗教、哲学学说均不持立场的关于公民的学说后，契约的方法变成了建构主义的方法，对争议稳定性的契合论证也变成了重叠共识的理念。[④] 正如桑德尔教授所言：自由主义的自由人士为私有经济辩护，而平等主义的自由人士为福利国家辩护，社群主义者则为与私有经济和福利国家相适应的公共生活辩护。[⑤] 只此而已。同

① 英国哲学家菲力帕·福特提出，假设你驾驶一辆自己无法使其停下来的有轨电车，即将撞上轨道上的5个检修工人，他们根本来不及逃跑，除非你改变轨道，但是，备用轨道上却有1个人，是否课以通过牺牲这一个人而拯救另外5个人？这个案例经哈佛法学院教授麦克尔·桑德尔改编后，更具说明力：有个胖子站在列车前行路上方的桥上，将其推下可阻止列车前行，轨道上的5人获救。这时应该牺牲胖子吗？

② 若我们承认集体法益较个人法益更具有保护大多数人利益的特质。则应选择拉拉杆，或将胖子推下桥，以拯救5人。然而，正如批判者所言，一旦拉了杠杆，你就成为一个不道德行为的同谋，推胖子下桥，更是一种罔顾生命的举动。

③ 贾健：《人类图像与刑法中的超个人法益——以自由主义和社会主义为视角》，《法制与社会发展》2015年第6期，第127~140页。

④ 惠春寿：《人格的观念与政治自由主义的证成》，《浙江社会科学》2016年第3期，第56页。

⑤ ［美］迈克尔·桑德尔：《公共哲学——政治中的道德问题》，朱东华等译，中国人民大学出版社2012年版，第135~142页。

时，论者有关超个人法益的机能的论述更多的是从解释论上展开的，是对立法实践的一种事后理论解读而非建构，因而欠缺了独立的理论价值。

综上，实际上，不论是个人的法益，还是所谓的超个人法益，它们在最终的结果上都是为了保障个体具有发展的可能性而服务的。唯一的区别仅仅在于，侵犯个人法益的行为直接损害了某个特定人的发展可能性，而侵犯某种超个人法益的行为则间接地损害了所有人的发展可能性。①

而观察我国的金融刑事立法，尽管表述略有不同，通说观点基本都以“××制度”或者“××秩序”，抑或“××制度（秩序）+权益”的方式来揭示金融各罪客体。“制度”“秩序”表征的是对公共利益这一超个人法益的保护，而“××制度（秩序）+权益”则表达了将超个人法益列为首要保护法益，而将个体权益视为次要保护法益的立场。

这样的客体规范模式有其合理性。正如前文所言，金融刑法保护法益与金融法法益存在一致性与承袭性，换言之，违反制度（秩序）与侵害权利之间必然存在一定的联系：违反某项制度必然造成某项权益的侵害，或者说侵害某项权益一定源于对某项制度的违反。这是法定犯的一般特征。

然而，必须指出，这种“××制度”、“××秩序”以及“制度（秩序）+权益”的客体规范模式背后所蕴含对超个人法益与个体法益保护的主次排序，是值得警惕的。例如，刑法中有关高利转贷罪与骗取贷款罪的规定，按照通说观点，此二罪犯罪客体均表述为国家对信贷资金的管理制度，还有学者提出，骗取贷款罪涉及金融秩序与安全。然而，若我们仔细考察上述犯罪立法设计时，不难发现，高利转贷罪与骗取贷款罪有明显保护银行垄断地位倾向。依照刑法之规定，高利转贷罪为行为犯，而最高人民检察院、公安部《关于公安机关管辖的刑事案件立案追诉标准的规定（二）》（以下简称《立案追诉标准（二）》）中明确该罪的追诉标准以违法所得数额认定，这表明，行为人只要实施该行为且违法所得数额达到追诉标准即可构成犯罪既遂，而无需等待金融机构损失等危害结果的发生；骗取贷款罪尽管规定了“造成重大损失”之结果标准，但同时还规定了“或者有其他严重情节”的入罪依据，根据《立案追诉标准（二）》，行为数额100万元与直接损失数额20万元处于同等可选择的入罪标准，这表明，在理论上，只要有虚构事实，隐瞒真相，骗取银行贷款100万元以上的事实，即便银行未实际遭受损失，亦可将行为人做入罪处理。然而，正如有学者指出，当前我国市场经济发展水平不高，市场信用体系很不

---

① ［德］克劳斯·罗克辛：《对批评立法之法益概念的检视》，《法学评论》2015年第1期，第55页。

健全，欺诈行为在经济社会生活中还普遍存在。这些行为本应属私法调整，为什么刑法单单将骗取银行贷款的行为犯罪化呢？[①]

究其原因，与国家宏观调控者及金融行业直接竞争参与者双重身份有关。我国的金融机构主要以国有资产或通过国家持股的形式而创办，因此，对金融体系的破坏被视为是对国家所有权的侵害，以及对国家管理权威的蔑视。因此，作为最为严厉的惩罚手段，刑法当然的成为保障转型时期国家对金融市场管理有序化的最后武器。[②] 然而，必须强调，金融管理制度设立的目的首先在于保护公民、法人的个体利益，不损害社会公共利益只是防止权利滥用的前提。而过度强调对金融管理制度（秩序）的保护，极有可能导致金融犯罪圈的不当扩大，使公权肆意干涉私域成为可能。同时，一味强调金融刑法的目的在于对金融秩序的保护，极易使刑法蜕变为执行金融管理法的强有力的手段，使刑法丧失其独立的部门法立场，成为行政法的附属。[③]

二、金融刑法保护法益确定和缩限

作为金融市场健康运行的保障法，金融刑法是针对违反金融秩序这一派生生活秩序行为的刑法规制。与传统犯罪不同，金融犯罪具有较为明显的经济有益性，“如果我们用后现代理论去观察经济犯罪，就会发现其犯罪的价值具有相对性，即当用非线性的视角去看待经济犯罪的违法性时，我们就会打破犯罪是一种绝对恶的话语模式，发现经济犯罪具有相对意义上的合理性”。这从投机倒把行为入罪到市场经济放开的历史可见一斑。这决定了金融犯罪不像传统犯罪那样具有犯罪性质的可感性，这明显降低了其道德评价负值——相较而言，假币犯罪的伦理非难性最为明显，金融诈骗犯罪次之，而对于骗贷、骗汇、逃汇、洗钱等损害国家利益或金融机构利益的行为，民众的犯罪感受性较弱。金融犯罪的法定犯属性决定了只有在相关金融法规中已对某行为做否定性评价并配置了相应的行政罚，方可进入刑法领域。

（一）金融刑法保护的法益应与金融法法益存在一致性与承袭性

金融法是包括金融交易（服务）法律规范、金融组织法规范和金融监管法律规范的法律规范总称。从中外法律规范看，均呈现出二元规范结构。一方面，金融法规范平等主体之间的资本交易关系。在多层次、多种类的资本市场

① 何荣功：《经济自由与刑法理性——经济刑法的范围界定》，《法律科学》2014 年第 3 期，第 50 页。

② 吴玉梅：《中德金融诈骗罪比较研究》，《法学杂志》2006 年第 6 期，第 132 页。

③ 何荣功：《经济自由与刑法理性：经济刑法的范围界定》，《法律科学》2014 年第 3 期，第 52 页。

中，由资本需求和资本供给所形成的各种具体的社会关系，就其本质而言，体现的是平等主体间的交易关系。资本市场交易法则通过为金融市场的参与者提供公平、透明的交易规则，保护交易者（市场参与者）的合法权益，引导交易者控制风险、防范风险和化解风险，提出应对危机的指引。金融交易法律规范并不代替资本市场上的交易者做出商业判断，而是通过为资本市场上的交易者提供公正平等的游戏规则，确保交易者能够基于正确认知而自主做出决断，其功能侧重于保护金融市场主体合法实现交易的自由与交易的创新。其落脚的基点在于对金融市场主体个体权益的保护。另一方面，金融法通过监管性条款维护金融市场的社会公共利益，这是因为，金融是一个高度风险的领域，金融市场的参与者具有冒高度风险的偏好，金融市场主体（参与者）没有办法靠个别主体建立它存在和发展的秩序，即使他们自律也很难建立起一个所有交易者受益并顾及社会公共利益的资本市场秩序。解决资本市场秩序存在的问题和实现社会公共利益，超出了资本市场交易自由的范畴，这便是金融监管法机制的任务。

据此，金融法法益可以表达为金融市场主体个体合法权益以及社会公共利益与社会经济秩序。这是金融刑法法益保护选择的基础。金融刑法应坚守“最后制裁法”的地位，对市场参与人的利益保护以及具体金融市场行为规范监管应由相关金融法律法规来完成，金融刑法的规定旨在强化对上述法益的保护。

（二）金融刑法所保护法益是对金融法法益的选择与缩限

为了实现金融法保障金融市场主体合法权益以及社会秩序与社会公共利益的目的，各金融法均专章规定了“法律责任”，针对违反金融法行为，构建起民事责任、行政责任、刑事责任复合法律责任体系。从法律责任的功能看，三大法律责任的设置都以恢复金融市场上被违法行为破坏而失衡的社会关系为宗旨，但各有侧重。民事责任侧重于修复作为金融市场参与者的违法行为人与受害人彼此之间失衡的社会关系，责任设置的重心在于补偿遭受违法行为之害的投资者，具有鲜明的私法规范属性，因而被认为是对投资者权益的直接保护。行政责任侧重于修复国家与违法行为人失衡的社会关系，承载着维护社会公共利益和社会经济秩序为重的法律责任，责任设置的重心在于惩罚违法行为的实施者，具有鲜明的公法规范属性，其通过惩戒侵害社会公共利益行为，遏制和预防违法行为来体现对金融市场参与者个体权益保护。

而金融法中有关刑事责任的表述，则大多采用概括法条方式进行，如《证券法》第231条、《证券投资基金法》第149条、《保险法》第179条，均规定“违反本法规定，构成犯罪的，依法追究刑事责任”。这为所有违反相关金融法规行为入罪打开了通道。然而，“如果某种规定只保护特定的秩序，而不去避免具体的损害，那这些规定在刑法中就没有任何地位。它们实际上属于所谓的违反秩序法，这种法律并不把刑罚作为其制裁手段”①。刑法法益具有防止刑法体系不当扩张的体系批判机能。尽管同为根据宪法的基本原则而明确由法律所保护的人的生活利益，刑法作为整个法网体系的最后保障法，其法益的范围必然不得大于前置法所明确保护的法益范围。这是刑法谦抑性的必然要求。刑法对于法益保护仅具有辅助性，当且仅当在使用非刑法惩罚不足以保障实现其所追求的目的时，方可纳入刑法保护范畴；反之，立法者就应当将其规定为违反秩序的行为。因此，立法机构在制定刑法时，应当坚持“最后手段原则”与“必要限度原则”，理性界定刑法与前置法的边界。

(三) 金融刑法保护法益的选择应注重对金融市场主体合法权益及公共利益的保护

金融市场的核心内容是金融自由，保障金融市场主体自由、法律地位平等，是法治市场经济的必然要求。这就要求，首先，应明确金融犯罪的本质是金融市场主体滥用经济自由而导致对其他平等主体或社会、国家公共利益的伤害。这意味着当且仅当金融市场主体违反金融法所确立的经济规则导致危害他人利益或社会、国家利益损害时，方可考虑用刑法规制。这是自由的边界，只要在这些经济规则的范围内，每个人都应该享有完全按照自己意志进行经济活动的自由，② 法不禁止即许可。其次，作为金融刑法所保护的“公共利益”，应界定为自由公平的竞争秩序和国民经济利益。金融作为现代各国经济命脉，其安全与稳定对社会稳定有着十分重要的意义。因此有必要对金融进行特别保护。但需明确的是，金融刑法既保护公民、法人的个体利益，也保护社会公共利益，并且，对前者的保护是第一位的，不损害社会公共利益只是防止权利滥用的前提，刑法应该保护的仅限于直接关系社会公共利益部分。再次，在犯罪设计时，应清晰认识金融市场参与者平等地位，不论是政府、金融机构或者投资者，不论所有制形式为国有或非国有，不论属单位或个人，在金融交易法律关系中，均处于平等的法律地位，理应受到刑法的平等保护。现行刑法在高利转贷罪设计上的对金融机构权益保障的显见偏向是学界诟病的主要焦点。也有学者指出，《证券法》第 212 条填补损失，与操纵及内幕交易并无实质区别，但因为该行为虽然损害了投资者权益，但不会造成交易秩序混乱，因此未入刑，这就是刑法保护法益的选择问题。

由金融法构建的经济规则的理想状态是达到“市场更有效地运作，增加

---

① [德] 乌尔斯·金德霍伊泽尔：《法益保护与规范效力的保障——论刑法的目的》，《中外法学》2015 年第 2 期，第 555 页。

② 王海明：《论经济自由原则》，《齐鲁学刊》2007 年第 3 期，第 130～134 页。

社会福利，保护公共利益”之目的，然而，必须承认，出于无法克服的不完全信息和有限理性[①]，以及不可避免的部门立法特点[②]，金融法的设计不可能完全避免瑕疵，也难免做出偏离公共利益的行为，政府所拟定的经济政策也未必都符合社会公共利益[③]。注重对金融市场主体合法权益与社会公共利益保护将有效地避免刑法陷入工具主义的泥潭。不存在具体法益侵害的单纯对经济性质秩序违反的行为，不应纳入刑罚处罚（民间借贷行为大量纳入刑法范围体现的是刑法对金融活动的过度干预）；因为现行制度管理不善或者经济市场化程度不够而造成“社会危害性”的行为（如恶意透支型信用卡诈骗）也应谨慎入刑。金融法的工具价值在于权利衡平与金融监管，而刑法的工具价值则在于保障，是为保证和加强已然存在并正在金融体系之中发挥作用的金融法的实效性而制定的，简言之，刑法以最高强制力保障金融法的实施，从而保障金融市场秩序与安全。正是由于二者不同的价值旨趣，金融法的研究与刑法研究对象、内容、思路都存在很大的不同。金融法学者思考更多的是如何实现不同利益主体之间的平衡，如何衡平个体效益与国家监管之间的关系，而刑法学者则更多的是在公正、人道、谦抑价值指引下思考刑法原则、目的、机能实现等问题。据此，笔者赞同这样的观点：金融刑法的保护之法益应为金融市场主体的合法权益以及社会公共利益（自由公平的竞争秩序和国民经济利益）。前者界分了金融犯罪与纯秩序违反行为的区别，而后者则为界分金融犯罪与纯侵财型犯罪提供了依据。单纯违反金融行政管理秩序，而不会造成具体法益侵害的，应仅属于金融违法行为（行政违法），不可规定为犯罪。对于既违反金融管理秩序，又存在具体法益侵害的，根据违法程度不同，分别规定为金融犯罪和金

① 前文第一章第一节对此有详细论述。

② 作为监管法，金融法不可避免地带有明显的部门立法特点，在现阶段，仍需警惕可能存在的部门利益法律化问题。当我们考察中国的立法现状时，不难发现，大约80%以上的法律都是由某一个具体管理部门草拟法律草案，然后逐级提交审议通过。由于参与立法的官员及法律精英难以避免的部门倾向，也因为参与立法的人大代表在专业知识和个人能力上可能的不足，使得法律极易呈现出争权、扩权、维护部门利益、回避义务等现象。这样的立法模式是亟须反思的。一方面，由于法律调整领域越来越呈现出来高度的专业性和技术性的特点，也因为“依法治国”宏大叙事下的“有法可依”的迫切需要，这种“官僚+精英”的立法模式是必要的；但另一方面，部门主导立法极易滋生腐败，助长弄权，违背法律面前人人平等的宪法精神，同时，有利害关系的公民因为无知识、无能力、无影响效率等借口被排除于立法过程之外，这使得该法常常因为不符合民意而在执行的过程中遭到抵制和质疑，从而严重伤害法律的权威性。面对这样的立法困境，越来越多的人注意到立法中公众参与的重要性。然而，不可否认的是，现行的公众参与立法还仅处于初级阶段，还有很多问题需要从理论上厘清并在践行中检验和校正。参见蒋苏淮：《中国特色社会主义法律体系建成后“立法中心主义”的转向》，《河北法学》2012年第4期，第6~7页。

③ 何荣功：《经济自由与经济刑法正当性的体系思考》，《法学评论》2014年第6期，第56~67页。

融违法行为。[①]

第二节 金融刑法应仅规制严重侵害金融法益行为

本节讨论的是金融刑法的罪量要素，也就是对人们常说的中国刑法中“定罪+定量”规范中的“定量”的理解，表征的是犯罪行为对刑法所保护的法益所致的侵害或威胁程度。[②]

一、“严重”是二元制裁体系下立罪设计的基本要求

二元制的制裁体系是指国家同时动用刑法与行政法来分别处罚较重或者相对较轻的反社会行为。与英美等国刑法采用的“立法定性、司法定量”的立法模式不同，我国采用的是“定罪+定量”的立法模式，以区别刑法与前置法之间不同的职能分工。刑法对犯罪圈界限的划定，通过保护法益的缩限以及法益侵害程度的强调实现，并以较行政罚严厉的刑罚措施，保证刑法法益保护目的的实现。在二元制的制裁体系下，刑法呈现出“厉而不严”的结构。

有关刑法应选择“严而不厉”还是“厉而不严”的结构，学界一直有争议，这其实关乎的是刑法对“定量”标准是否仍应坚守以及行刑是否仍应保持界分的问题。一种观点认为，出于通过严密法网强化人们的规范意识，充分发挥刑法效能的目的，刑法应转变为严而不厉的模式。这样做的好处还在于将现由行政部门处理的大量案件，转而交由检察机关和法院处理，可以以更为严格的诉讼程序保障行为人的合法权益。有学者在对比了美国、日本等证券发达国家对操纵证券行情等证券犯罪的规定后，认为其只需证明行为人是否实施即可认定为犯罪的做法较我国对证券犯罪认定要考虑“情节严重”“后果特别严重”等苛刻而模糊的证明要求更有利于对操纵证券市场行为的规制，发挥刑法的效用。因此建议降低定罪“定量”方面的要求，转以“定性”为主，以此将刑事法网编织严密。[③] 毛玲玲教授在《证券刑法的矛盾样态及反思》一文中，也提出了类似的观点，其认为“出他法而入刑法”的判断思维，人为加剧了行政执法与刑事司法之间的断裂层，主张在金融领域中各种私法规则的创建与完善缺少智识与经验，短期内又无法一蹴而就的背景下，刑法应主动介入。其理由是，相比于证券行政监管潜在的恣意性，证券刑法机制的发挥因受

---

① 何荣功：《经济自由与刑法理性：经济刑法的范围界定》，《法律科学》2014 年第 3 期，第 44～55 页。

② 屈学武：《中国刑法上的罪量要素存废评析》，《政治与法律》2013 年第 1 期，第 83 页。

③ 鲜铁可、刘博：《操纵证券市场行为的法律责任》，《人民检察》2012 年第 4 期，第 52 页。

到严格的诉讼程序、更高的证据标准等约束而更具稳定性与公正性。强调事后型的刑事处罚机制的作用，而不是预先以行政权威的方式进入市场，能够给予市场规则更多的“试错空间”。因此，在中国新兴转型的市场环境下，金融创新要获得初始萌芽的空间，要求政府前期对于新兴的金融业态进行粗放型的监管，并配备具有一定张力的刑事管制规范，以备后期惩戒。虽然这在一定程度上似乎背离刑法谦抑的表面之义，但却符合本土金融生态环境的需要。①

然而，中国采用二元制裁模式，由司法机关和行政机关分享对反社会行为的制裁权，既是主观考量的结果，也有客观情势使其不得已的因素，那就是中国作为现代化后发国家快速实现现代化，由国家强力推动现代法治建立的选择。② 在这样的模式选择下，中国刑法拥有最为严厉的惩罚方式，其通过剥夺人身自由甚至生命，以及剥夺财产权的方式确保其法益保护目的的实现。因此，在刑法的入罪设计上必须强调“定量”，以限制刑法的作用场域，这是刑法谦抑性的必然要求。

金融刑法的自由价值取向以及金融犯罪的法定性、行政性特征更要求刑法恪守其“二次法”“最后制裁法”地位。刑法作为“一切法律的制裁力量”③，其参与金融法律关系保护的基本脉络是：通过对社会关系参加者之间权利、义务的确认，由金融法首先建立起正常的法律秩序，形成第一性法律关系。当出现行为不当行使或者义务不当履行时，方开启法律对社会关系的第二次调整——法律保护。保护性规则体系又由两个层次组成，第一层次由非刑事保护性规则组成，系法律保护的第一道防线，第二层次则由刑事保护性规则组成，是法律保护的第二道也是最后一道防线。刑法并非第一保护性规则的替代，而是第一保护性规则的补充与保障。只有在仅凭第一性保护规则难以有效保障被严重侵犯的调整性法律关系的情况下，方才有启动刑罚制裁之必要。通过金融法与金融刑法的配合，最终对金融法律关系形成严密的双重保护。因此，在金融刑法的立罪设计上应遵守补充性原则：对市场参与人的利益保护以及具体金融市场行为规范监管应由相关金融法律法规来完成，基于法律秩序统一性的要求，金融刑法的适用应当充分考虑前置金融法规的规定，其目的旨在强化对金融法法益的保护。这就要求金融刑法与金融法之间应保持法律概念的一致性，并且仅将具有严重社会危害性行为纳入刑法规制，从而有效地与行政罚相界分；同时，如果相关金融法律法规明确了违法阻却（如金融法律法规中尚未

① 毛玲玲：《证券刑法的矛盾样态及反思》，《中外法学》2014 年第 3 期，第 777 ~ 795 页。

② 王政勋：《定量因素在犯罪成立条件中的地位——兼论犯罪构成理论的完善》，《政法论坛》2007 年第 4 期，第 152 ~ 163 页。

③ ［法］卢梭：《社会契约论》，何兆武译，商务印书馆 2003 年版，第 63 页。

涉及对某行为的否定性评价），即使该行为已在刑法中明确规定，因其内容欠缺处罚的必要性和合理的根据，也不应构成犯罪。

对于部分学者提出的否定刑法的“定量”标准，将所有的不法行为一律依靠司法处理的做法，在笔者看来，在中国这一大且不发达的国家中，并不具有操作的可能性。“厉而不严”或“严而不厉”实质上并不与“公正”实质相关。这种因对行政处罚可能会导致“不公”的担忧而提出放弃行政罚，完全纳入刑事罚的建议，既不符合中国的立法实际也不符合中国的司法实际。

二、对“严重”的界定

金融刑法强调仅规制“严重”侵害法益行为。何谓严重？没有对此问题的实然回答，任何理论都只能是空中楼阁，丧失实践意义。

如何区分犯罪与行政违法行为，对此，德国及我国台湾地区刑法理论主要存在三种学说：质的区别理论，量的区别理论和质量区别理论。[①] 质的区别理论强调刑事违法与行政违法在法益侵害上存在质的差异；量的区别理论则认为刑事不法与行政不法的区别主要在于行为的轻重程度上，二者在侵害法益方面没有任何不同。质量区别理论的观点是刑事不法行为与行政不法行为不仅在伦理非价内容与社会伦理的非难性方面存在差异，而且在损害性与社会危险性方面也存在差异。

在我国的刑事不法与行政不法二元体系中，采取的是与上述理论皆不同的“二元交叉制裁体系”理论，即二者有相当一部分内容属于对同一性质、同一定型的行为，仅根据行为的程度不同，确定其罪与行政不法的区别。[②] 就金融刑法而言，其对“严重”侵害金融法益行为的选择，通过两次选择实现：首先，针对金融法中所规定的违法类型，金融刑法将其中危害程度（社会危害性）严重，不入刑单靠金融法中的民事追责以及行政处罚不足以实现有效规制的行为类型选取出来予以规定，即形成该罪的犯罪构成，这是刑法的第一次选择；再通过“定量”控制，通过“数量”“情节”“后果”等罪量限制，完成行政违法与刑事犯罪的界分。故此，金融刑法与金融法相较，不仅应在客观行为类型上少于金融违法行为类型，在对社会危害程度的要求上，也应高于对金融违法行为。从这一意义上说，金融刑法既非前置法的绝对从属法，也非完

① 林山田：《论刑事不法与行政不法》，载《刑事法论丛（二）》，丰兴印刷厂有限公司 1997 年版，第 34 页。

② 王彦强：《犯罪成立罪量因素研究》，南京师范大学 2013 年度博士学位论文，第 66 页。

全独立于前置法的法律部门，而是相对独立于前置法的最终保障法。[①]

金融刑法罪量要素的实现应遵循定量原则。现行金融刑法对罪量“严重”的规定主要体现在“行为严重”与“后果严重”两方面，在具体罪名中以“数额较大”“情节严重”“造成严重后果”“造成重大损失”等方式表达。同时，在《刑法》第13条“但书”——“情节显著轻微危害不大的，不认为是犯罪”的规定指引下，对于刑法规定的行为犯，通过司法解释方式设定一定的量化标准，以实现对“情节显著轻微危害不大”行为的出罪处理。

有学者批评我国现行金融刑法规定的犯罪大多都是结果犯，即以在客观方面造成一定严重后果或产生一定损失额（数额犯）为犯罪的客观构成要件，这使得刑法对金融犯罪的干预缺乏前瞻性，丧失了应有的堵截恶性金融犯罪发生的功能。[②] 刘远教授将其归因为“犯罪构成设计技术背后是一种普遍的事后主义”，认为这样的设计实际在向金融交易者透露这样一种讯号：只要交易结果皆大欢喜，交易行为可以“不择手段”。因此建议加强刑法对金融行为的控制，因为侵犯信用关系的金融欺诈犯罪具有更强的悖德性，事后主义的做法无法满足人们在金融发展中日益积累起来的“集体情感”，也无法唤起民众对法律的信仰与忠诚。同时，金融犯罪危害具有“乘数化效应”“慢化发效应”“国际化效应”，具有极大的杀伤力，因此要求必须防范金融犯罪于未然，扼杀金融犯罪于萌芽，事后主义对金融犯罪所遭受的损害是无法弥补的。[③] 故而“金融法罪构成形态的立法设计应首选行为犯，而不是结果犯”[④]。

对此，笔者持不同意见。首先，梳理现行金融刑法构成形态会发现，这种认为我国金融犯罪大多都是结果犯的论断是不符合实际的。在38个金融刑法罪名中，仅高利转贷罪，编造并传播证券、期货交易虚假信息罪，诱骗投资者买卖证券、期货合约罪，对违法票据承兑、付款、保证罪以及8个金融诈骗犯罪属纯正的结果犯，即以某种危害结果——考察的是违法所得数额、直接损失、实际骗取数额——的发生作为其既遂的标准，占总犯罪数量的32%；骗取贷款、票据承兑、金融票证罪，擅自发行股票、公司、企业债券罪，内幕交易、泄露内幕信息罪，利用未公开信息交易罪，操纵证券、期货市场罪，违法

① 田宏杰：《行政犯的法律属性及其责任——兼及定罪机制的重构》，《法学家》2013年第3期，第51页。

② 申柳华：《论我国金融犯罪刑事立法中的宽严相济》，《山西警官高等专科学校学报》2008年第2期，第31页。

③ 刘远、赵玮：《金融刑法立法理念的宏观分析——为金融刑法改革进言》，《河北法学》2006年第9期，第7页。

④ 刘远：《金融犯罪构成形态的立法设计》，《人民检察》2005年第8期（上），第11页。

发放贷款罪，吸收客户资金不入账罪以及非法出具金融票证罪等8罪则是以“情节严重”“数额巨大或者造成重大损失”“重大损害或者其他严重情节”以及“数额巨大、后果严重或者有其他严重情节”作为各罪既遂标准，从行为情节与危害结果两方面予以衡量，占总犯罪数量的21%。其余的18个罪名，均是从行为情节上确定既遂标准的，即只要有犯罪行为或犯罪行为指向数额达到一定的标准，就可构成犯罪，而无需再对行为可能引致的结果进行衡量与证明。从这一角度上说，金融犯罪的构成形态主要是行为犯，而非结果犯。

其次，对于认为“金融市场是法定的、有限的、特定化的人类活动空间，是容易被监视的……金融犯罪的过程本身是容易取证的，往往不需要通过犯罪的结果反证犯罪的行为过程。所以金融犯罪、特别是金融诈骗罪的既遂点可以适当提前，这样能大大提高诉讼效率”的观点，笔者不敢苟同。打击金融犯罪的司法实践恰恰向我们展示了金融犯罪的取证难、认定难。如对内幕交易犯罪案件的侦查，由于其行为的隐秘性，一般很难在行为时发现，司法实践中对此类案件的认定一般采用的是倒推式，即从获利或避免损失的结果反推行为，要求行为人证明其买卖证券行为与“内幕信息”之间不存在因果关系，方可出罪。这种举证责任倒置的做法实质上是司法认定上的无奈之举。

最后，正如前文一直强调的那样，金融刑法并非金融法益保护的唯一规范，对结果的强调，可以有效控制刑法的适用场域，是金融刑法对自由价值的坚守，是刑法谦抑的必然要求。

另一个值得研究的问题是，当前学界一个颇为盛行的观点认为，风险社会下，关乎超个人法益侵害的风险行为日益增多，因此要求刑法提前发动国家刑罚权，以尽可能防控与化解社会风险。我国大陆刑法学者提出刑法应增强金融安全、公共卫生、环境安全等领域的抽象危险犯的立法。[①] 简言之，对于可能导致高风险的行为应设计为抽象危险犯，在罪量方面零门槛入罪。

在笔者看来，金融犯罪不宜设计抽象危险犯。德国刑法理论中，危险犯是与实害犯相对应的概念，行为犯是与结果犯相对应的概念。按照通说观点，抽象危险犯无需行为的悖德性或者说社会危害性，刑法对此类犯罪的设计目的不在于报应，而是为了达到全面威慑、警诫、宣示并指引社会行为的效果。其基本逻辑是，因为行为与危害结果间存在高概率性的因果关系，即行为的发生将极有可能导致危害结果的发生，且危害结果不具有可容忍性，那么该罪的成立标准可以适度前移。只要发现有行为，而无待结果之发生。高概率、高风险是

① 苏彩霞：《“风险社会”下抽象危险犯的扩张与限缩》，《法商研究》2011年第4期，第30~32页。

设计抽象危险犯的前提。

然而，且不论金融风险是金融创新的伴生品，任何试图预防、杜绝金融风险的想法都注定是奢望，就连金融风险的“高概率”诱发因素的确定都是非常困难的。很难说自行制作几张假币就一定会导致对国家货币信用的侵害，即便是制作得仿真程度高，但如果行为人只是为了自己娱乐而非将其投入流通，就不该做犯罪的认定。诚然，抽象危险犯可以通过理性建构方式设计，但设计必须要考察的是其合理性以及由此可能带来的负效应。在一项调查中，有33%的受访者表示会利用内幕信息作为炒股的重要参考，并且有60%以上的人因此而获利①，若按照中国刑法对内幕交易犯罪的认定标准——内幕交易罪的主体包括内幕信息的法定知情人员与非法获取内幕信息人员，而对何谓“非法获取”，在相当时间内通行观点都认为即“不当持有”②——则上述利用内幕信息进行股票操作的受访者是否都需入刑？针对内幕交易犯罪，有学者倡议应移植美国的犯罪规定，采用抽象危险犯的立罪方式，以便于司法打击。然而，若对比中美两国内幕交易法律制度即会发现，与中国强调“持有”原则不同，美国采用的是义务原则，即除非内幕信息持有者事先负有披露信息或不进行交易的义务，否则其交易不违反10b-5号规则，不在禁止之列。换言之，美国证券法并不绝对禁止内幕交易，只是禁止负有特定义务的人进行内幕交易（尽管义务主体的范围在不断扩大）。内幕交易行为属证券欺诈行为，承担民事乃至刑事法律责任，这是美国内幕交易法律制度的基本特征。③反观我国对内幕交易违法行为的规制，其以证券秩序作为其法益保护的重点，因此，在打击对象的选择上较美国法更为广泛，证券法与刑法的配合立法方式，保证了惩处内幕交易行为的行刑衔接，因此，完全没有必要通过设计抽象危险犯的方式以实现方便打击的目的。

学界对法益保护提前的建议以及抽象危险犯的推崇，其实质是强调行为规范的作用，为了打击的需要。但是，犯罪化仅有必要性是不够的，还应立足于刑法的补充性、不完整性以及宽容性。对于以自由价值为核心价值的金融刑法

---

① 《首席评论1126期：内幕交易打得了吗?》，百度视频，http://baidu.ku6.com/watch/09556322535147273 73.html? page=videoMultiNeed，2006年5月30日访问。

② 胡志光教授认为将“获知或已掌握内幕信息”作为内幕人的本质属性或最根本的认定标准，是从逻辑上彻底厘清内幕人概念的唯一出路。参见胡光志：《内幕交易及其法律控制研究》，法律出版社2002年版，第83页。刘宪权教授提出“非法获得”应指“不该获得而获得”，其中“不该获得”是指行为人与内幕信息之间并无职务或业务上的信赖关系，也即行为人属于禁止接触或获取内幕信息的人员。参见刘宪权：《金融犯罪刑法学专论》，北京大学出版社2010年版，第365页。

③ 廖凡：《美国证券内幕交易经典案例评介》，中国法学网，http://www.iolaw.org.cn/showarticle.asp? id=1509，2016年3月1日访问。

而言，这一点尤为重要。

第三节　无效果与太昂贵的行为不应入罪

英国经济学家舒马赫说："如果一种活动打上不经济的烙印，那么它的存在权利就不仅受到质疑，而且遭到有力的否定了。"[①] 同样，运用刑法遏制侵犯法益的行为如果打上不经济的烙印，那么这种方法的正当性、合理性也会受到质疑。无效果与太昂贵[②]的行为不应入罪，这是金融刑法效益价值的基本要求。

一、无效果行为不应入罪

从经济学研究角度而言，每一个市场参与主体都是"合乎理性的人"，其所采取的经济行为都是力图以自己的最小经济代价去获得自己的最大经济利益。考察金融犯罪人的犯罪目的，不论是假币制造者、非法集资者、操纵证券市场者抑或是金融诈骗者、逃汇骗汇者，其主要的目的都是为谋求一定的经济利益，其对金融越轨行为的选择主要与五个基本变量有关：定罪的可能性、定罪的惩罚、从事合法与其他非法行为可得到的收入，逃避逮捕的机会、违法意愿。[③] 换言之，理性的市场主体在行为前会根据犯罪净收益最大化原则以及个人对犯罪的偏好，对行为成本和收益进行比较，这包括考量刑法规制，主要是犯罪构成与刑罚配置、机会成本、惩处概率、信用伦理等多方面。在巨大的可能收益以及专业技能的成就感面前，信用伦理因缺乏必要的强制性很容易就成为被抛弃的对象，如果因犯罪而遭受的惩罚与损失的可能性以及严厉程度也显得微不足道的话，那么刑法的犯罪设计对于行为人而言将是无效的，毕竟"如果有20%的利润，资本就会蠢蠢欲动；如果有50%的利润，资本就会冒险；如果有100%的利润，资本就敢于冒绞首的危险；如果有300%的利润，资本就敢于践踏人间一切的法律"[④]。正如边沁在《道德与立法原理导论》中所言："这些情况具有这么一种性质：它们不仅排斥应用法律惩罚，而且一般来说几乎不给私人伦理留下施加影响的任何余地。在这些情况下，行为之意不

---

① ［英］舒马赫：《小的是美好的》，虞鸿钧、郑关林译，商务印书馆1984年版，第23页。

② 陈兴良教授在《刑法哲学》一书中，使用"无效果""可替代"以及"太昂贵"来说明不具有刑罚之无可避免性。本书沿用该表述。参见陈兴良：《刑法哲学》，中国政法大学出版社1992年版，第7页。

③ 白建军：《关系犯罪学》，中国人民大学出版社2005年版，第352页。

④ 马克思：《资本论》（第1卷），人民出版社1958年版，第839页。

可遏，即使依靠认为惩罚的非常力量也属徒然。”[①] 金融犯罪相对缺少自然恶，且专业性、隐蔽性强，因此民众感知度低，伦理谴责度不高，不太容易产生广泛的遏制犯罪的“反对动机”，这在以国家利益、社会利益或金融机构利益为保护对象的罪名设定上更为明显。同时，高犯罪收益与低概率处罚风险之间的巨大差异，也是刑事处罚预防效果不佳的一大因素。

从现行刑法的运行情况看，便存在着无效果的危险。主要体现在“少适用（无适用）”与“少效能（无效能）”两方面。

综观刑法分则第三章第四节、第五节中所涉罪名，部分罪名自设立之始就鲜有适用。在北大法宝[②]收录的12866例扰乱金融管理秩序犯罪案例中，其适用在百件以内的案件类型包括（见表一）：

表一

涉案罪名	案件数
金融机构工作人员购买假币、以假币换取货币罪	4
变造货币罪	14
擅自设立金融机构罪	9
伪造、变造、转让金融机构经营许可证、批准文件罪	1
高利转贷罪	54
伪造、变造国家有价证券罪	10
对违法票据承兑、付款、保证罪	13
用账外客户资金非法拆借、发放贷款罪	16
违规出具金融票证罪[③]	46
违法运用资金罪	1
背信运用受托财产罪	0
逃汇罪	2
洗钱罪	44
伪造、变造股票、公司、企业债券罪	2

① ［英］边沁：《道理与立法原理导论》，时殷弘译，商务印书馆2000年版，第353页。

② 根据北大法宝网站（http://www.pkulaw.cn）介绍，其收录的案例及裁判文书包含了各级人民法院陆续公布的法院裁判文书。尽管案例收录未必全面，案件归类未必完全准确，但已足够呈现各罪名实践运用情况。

③ 该案件数含非法出具金融票证罪案件数。

续表

涉案罪名	案件数
擅自发行股票、公司、企业债券罪	14
编造并传播证券、期货交易虚假信息罪	1
内幕交易、泄露内幕信息罪	43
利用未公开信息交易罪	14
操纵证券、期货市场罪①	22
诱骗投资者买卖证券、期货合约罪	0

而在北大法宝收录的36481件金融诈骗犯罪案件中，适用在百件以内的案件类型包括信用证诈骗罪（66件）与有价证券诈骗罪（41件）。

显然，这对于自1997年即已入刑的罪名（违法运用资金罪以及背信运用受托财产罪也已运行10年之久）而言，可谓低效率适用。究其原因，固然有司法机关的认知惰性因素②，更有因情势变化，该类犯罪行为已鲜有发生③以及因发现难、取证难而导致适用难等因素④。

“少效能”是另一种形式的“无效果”，同样应予反思。以信用卡犯罪为例。在法律层面，1997年刑法规定了伪造、变造金融票证罪以及信用卡诈骗罪，2004年《全国人民代表大会常务委员会关于〈中华人民共和国刑法〉有关信用卡规定的解释》将刑法意义上的信用卡范畴扩大至金融法规中银行卡的范围。2005年，为解决信用卡犯罪活动中出现的境内外互相勾结、集团化、专业化、分工细密等情况适用刑法困难的问题，《刑法修正案（五）》针对信用卡犯罪做出了补充规定，新增177条之一妨害信用卡管理罪以及窃取、收买、非法提供信用卡信息罪，并增加了196条信用卡诈骗罪的行为方式⑤。至

① 该案件数含操纵证券、期货交易价格案件数。

② 侦查部门更偏好与选择有过近似经验的罪名出手，对不熟悉的罪名，则抱等待、观望态度，期待吸取其他地区的经验。

③ 如随着外汇市场逐步放开，逃汇罪、骗购外汇罪少有适用。

④ 据公安部2011年公布的数据显示，自2004年公安部部署查处内幕交易案件以来，（8年间）共查处内幕交易案件仅50起。究其原因，则在于证券类案件的发现难、查证难的客观现实。相较内幕交易、泄露内幕信息罪而言，其他证券个罪适用更少。参见《公安部查处涉内幕交易大案要案50起涉案金额逾45亿》，凤凰财经，http://finance.ifeng.com/a/20131226/11348308_0.shtml，2016年4月30日访问。

⑤《刑法修正案（五）（草案）说明》，高铭暄、赵秉志编：《中国刑法规范与立法资料精选》（第二版），法律出版社2013年版，第179页。

此，在规范层面，已形成了针对银行卡犯罪链条——从制卡（伪造、变造）到用卡（诈骗）——较为完备的刑法规制链。在司法实践层面，针对日益严峻的银行卡犯罪形势，人民银行与公安部多次联手，组织相关专项行动，以期打造健康有序的银行卡使用环境。然而，根据笔者对近八年的南京市银行卡犯罪情况及其原因所收集的数据、资料看，立法与司法的努力未能达到遏制银行卡犯罪的预期，信用卡犯罪案件呈现出愈打愈烈的态势，案件总量逐年上升、涉案金额逐年攀升①。出现这样的情况，原因是多方面的。除了公安机关运动式打击模式的自有弊端——难以实现长效控制——经济环境下行、银行有意识的风险放任是银行卡案件多发的主要原因。同时，从司法实践看，妨害信用卡管理罪主要适用于针对信用卡诈骗、电信诈骗案件中的取款人的行为认定，但在这一类型案件中，取款人本就处于犯罪链条的最低端，尽管易发现，但与核心层距离甚远，基本没有进一步案件经营的可能性，因此尽管该罪名适用较为广泛，但对于威慑、打击、预防信用卡诈骗、电信诈骗等团伙犯罪效果并不明显。

事实证明，刑法的威慑并不在于其严厉性，而在于其必然实现的惩罚。同时，司法实践表明，重刑对金融犯罪而言意义也并不那么明显。非刑事法律的空隙需要非刑事法律来弥补，大量立罪并不能解决实质问题。据此，在金融刑法立法中应注意：（1）罪名虚置的，应分析原因，在此基础上，做技术处理或非犯罪化处理。（2）随着经济的发展和市场经济体制的确立，事实上已不存在危害性或危害性较轻，无需刑事规制的行为，应该进行非犯罪化处理。（3）对于金融失范行为的规制，金融法将比金融刑法更有效能。一方面，金融法可通过完善金融规则、健全金融制度等方式实现事前监管，另一方面，金融法拥有较刑法灵活多样的处罚方式，就银行业、证券业从业人员而言，声誉罚、市场禁入等处罚效能可能更为明显。金融前置法监管措施缺位造成了对金融刑法的倚重，而这种倚重又常常被证明是无效而失败的，这是金融刑法立法中不得不正视的问题。

二、太昂贵的行为不宜入罪

第一，对刑罚适用的社会成本的考量。刑事制裁是最为昂贵的制裁方式，这不仅因为其运行有赖于公检法司多部门的投入，更重要的在于，作为法律的终极威慑，其代价是极其昂贵的，刑罚具有伦理非难性，足以破坏受刑人的名

① 蒋苏淮：《公安专项治理走向“常规化”的路径探索——基于银行卡专项行动的观察》，《公安研究》2015年第10期，第48页。

誉，这是刑罚与行政罚、追究民事责任本质的区别，也是刑法慎用的重要原因。银行卡专项行动实践运作带来的负面影响就充分说明了这一点。为了追求案件数和人头数，办案机关对所有触及立案追诉标准的行为人一律立案并移送起诉，即便其透支数额刚及立案追诉标准并立案后已偿还所有本息。尽管就法律而言，这样的追诉无可厚非，但是，进入刑事程序，特别是最终认定刑事犯罪对社会与家庭的冲击都是巨大的，犯罪记录不仅仅降低行为人本人的社会评价，更有可能对其今后的生活产生巨大影响，如此大规模的追究刑事责任，其社会效果有待考量。同时，由于案件数量庞大，侦查资源有限，在对数字的刻意追求下，出现部分案件质量不高的情况。比如将报案材料的内容直接转化成了报案人的笔录、起诉意见书的内容，在讯问笔录中，也仅强调对最后还款的时间及银行催收的时间的固定，几乎是相关报案材料的重复，而较少涉及非法占有目的的认定。受制于公安机关有限的侦查资源，为了完成专项任务指标，办案部门不得不集中力量，甚至加大人力、物力、财力的投入，从而不得不减少甚至放弃对其他领域违法犯罪行为的关注与投入，这样做的后果只能是进一步减低规制的整体效益，也不利于对新发犯罪或疑难案件的研究。①

刑罚的后果还可能波及社会，这在涉众型经济犯罪中体现的尤为明显。对非法吸收公众存款案件的介入时机一直是公安机关颇为头疼的问题。按照现行的追诉标准，吸收总金额、吸收对象数与损失数同为入罪之标准，即原理上对于本罪的适用无需等待最终损失的发生。然而，若公安机关对符合现行刑法“非法吸收公众存款”行为在第一时间予以介入打击，且不论警力投入效益，更重要的是，往往得不到所谓的“受害者”的认可——其认为正是公权力的介入导致了资金链的断裂，造成了损失。单位犯罪案件中同样存在这样的问题。20 世纪 80 年代开始，美国证监会和美国司法部开始更多地将证券违法者诉诸刑事程序，以期形成有效的威慑，从而维护投资者对证券市场的信心，结果使美国联邦刑事立法数量呈爆炸式增长。然而，人们逐步发现，对公司进行刑事诉讼在很多情况下会带来殃及无辜的连带后果，诸如公司员工、退休人员、股东、债权人、消费者甚至社会公众等。这些人虽然没有参与犯罪行为，不知道也无力阻止犯罪的行为，但也不得不承担该公司犯罪的严重后果。有鉴于此，美国司法部出台了《联邦起诉商业组织的原则》，通过赋予联邦检察官暂缓起诉和不起诉自由裁量权予以衡平。因此，刑法“应被适用于那些真正

---

① 蒋苏淮：《公安专项治理走向“常规化”的路径探索》，《公安研究》2015 年第 10 期，第 48 ~ 52 页。

危害严重的行为”①。

第二，对个罪实用性、可操作性的考量。尽管这个问题看似应是一个司法视角的概念，实则也关乎着立法质量，因为司法实践也是一个有限资源配置的过程，对于缺乏可操作性或操作性成本过高（这既包括侦查成本，也包括社会成本，如社会效果）的罪名，司法实践的普遍做法是“选择性适用”。而一旦“刑罚被曲解为一种低概率的抽奖式惩罚，无论这种惩罚有多么严酷，持有侥幸心理乐于参与这一‘抽奖’活动的人可能会相对增加，而且也不足以阻止后来者跨入这一领域”。比如针对证券市场犯罪。按照《关于公安机关管辖的刑事案件立案追诉标准的规定（二)》的规定，内幕交易、泄露内幕信息罪的追诉标准为证券交易成交额累计在50万元以上的，而实际情况是，按内幕交易罪名追究刑事责任的案件，被告人的累计成交额往往达到几千万、数亿或数十亿元，对数十万、数百万元交易额的内幕交易案基本不追究刑事责任。这种巨大收益诱惑下的侥幸心理必然极大地刺激内幕信息知情人的越轨行为。

部分由于法条设计本身带来的适用不易也是导致适用“昂贵”的原因。在《刑法修正案（六)》草案中就提到：“司法实践中，对如何认定违法发放贷款或非法出具金融票证的行为所造成的损失，较为困难。对这类违法行为，只要涉及的资金数额巨大或者有其他严重情节的，就应当追究刑事责任。法制工作委员会经同有关部门研究，拟将上述两条规定中的‘造成重大损失’，分别修改为‘数额巨大’或‘情节严重’。”类似的修改还发生在第187条“吸收客户资金不入账罪”。相较于“重大损失”数额的证明——这关涉到损失结果数额的范围与计算，“数额巨大”这一行为指向数额更易证明。当然，这种出于可操作性的需求即增加行为情节的判定标准的做法是否合适是值得进一步思考的问题。但无论如何，一个无法执行的法律条文是无效的，毕竟，刑罚的威慑力不在于刑罚的严酷性，而在于其不可避免性。

小　结

金融刑法的立罪边界的设定取决于对金融刑法保护法益范围的回答。在笔者看来，金融刑法的保护法益归根到底是个人法益，因此，不论是个人的法益，还是所谓的超个人法益，它们在最终的结果上都是为了保障个体具有发展的可能性而服务的。唯一的区别仅仅在于，侵犯个人法益的行为直接损害了某个特定人的发展可能性，而侵犯某种超个人法益的行为则间接地损害了所有人

① ［美］哈伯特. L. 帕克：《刑事制裁的界限》，梁根林译，法律出版社2008年版，第246页。

的发展可能性。我国的金融刑事立法呈现出将超个人法益列为首要保护法益，而将个体权益视为次要保护法益的立场。这样的客体规范模式有其合理性。正如前文所言，金融刑法保护法益与金融法法益存在一致性与承袭性，换言之，违反制度（秩序）与侵害权利之间必然存在一定的联系：违反某项制度必然造成某项权益的侵害，或者说侵害某项权益一定源于对某项制度的违反。这是法定犯的一般特征。但是，这种“××制度”“××秩序”以及“制度（秩序）+权益”的客体规范模式背后所蕴含的对超个人法益与个体法益保护的主次排序，是值得警惕的，其实质是传统国家本位主义理念下维护国家金融垄断地位和国家金融管理权。金融管理制度设立的目的首先在于保护公民、法人的个体利益，不损害社会公共利益只是防止权利滥用的前提。而过度强调对金融管理制度（秩序）的保护，极有可能导致金融犯罪圈的不当扩大，使公权肆意干涉私域成为可能。同时，一味地强调金融刑法的目的在于对金融秩序的保护，极易使刑法蜕变为执行金融管理法的强有力的手段，使刑法丧失其独立的部门法立场，形成对行政法的附属地位。金融刑法是针对违反金融秩序这一派生生活秩序行为的刑法规制，其法定犯属性决定了只有在相关金融法规中已对某行为做否定性评价并配置了相应的行政罚时，该行为方可进入刑法领域。金融刑法的保护法益应以金融法保护法益为限。这意味着，金融刑法保护的法益应与金融法法益存在一致性与承袭性，是对金融法法益的选择与缩限。刑法保护法益的选择应注重对金融市场主体合法权益及公共利益的保护。作为金融刑法所保护的“公共利益”，应界定为自由公平的竞争秩序和国民经济利益，不损害社会公共利益只是防止权利滥用的前提，刑法应该保护的仅限于直接关系社会公共利益部分。同时，金融刑法应仅规制严重侵害金融法益行为，这是二元制裁体系下立罪设计的基本要求，刑法作为“一切法律的制裁力量”，其参与金融法律关系保护的基本脉络是：通过对社会关系参加者之间权利、义务的确认，由金融法先行建立起正常的法律秩序，形成第一性法律关系。当出现行为不当行使或者义务不当履行时，方开启了法律对社会关系的第二次调整——法律保护。金融刑法立罪之行为不仅应在客观行为类型上少于金融法规定的金融违法行为的类型，并且在对社会危害程度的要求上，也应高于金融法规定的金融违法行为。同时，无效果与太昂贵的行为不应入罪，这是金融刑法效益价值的基本要求。

第四章　实然金融犯罪圈之检视

第一节　金融犯罪圈扩大化趋势

从规则制定角度来看，金融犯罪圈的扩张由法律（包括刑法与相关金融法规）、法律解释（包括立法解释、司法解释及行政解释）共同作用而形成。

一、金融犯罪圈的立法扩张

在立法方面，从1979年刑法第122条和123条规定伪造、贩运伪造的国家货币罪以及伪造有价证券罪[①]到1997年刑法分则第三章第四节、第五节共32个罪名，再到《刑法修正案（七）》确定的38个罪名，通过单行条例、刑法修改以及刑法修正案等立法方式，金融犯罪圈实现了急速扩张，这既包括罪数的增加、也包括犯罪构成要件的扩展：

伪造、贩运伪造的国家货币行为是第一批纳入刑法范畴予以犯罪化的行为，其后，在《中国人民银行法》（1995）中明确规定伪造、变造的人民币，出售伪造、变造的人民币，购买伪造、变造的人民币以及持有、使用伪造、变造的人民币等行为，构成犯罪的，依法追究刑事责任。此后在全国人大常委会上通过的《关于惩治破坏金融秩序犯罪的决定》（1995）中，以单行刑法的方式规定了伪造货币罪，出售、购买、运输假币罪，金融机构工作人员购买假币罪，以假币换取货币罪，走私假币罪，持有、使用假币罪，变造假币罪，基本完成了假币犯罪的刑法设计。该条文后被1997年刑法完整吸纳，直至《刑法修正案（九）》（2015）废除伪造货币罪死刑。

有关金融机构犯罪行为最初由《商业银行法》（1995）规定，仅涉及擅自设立商业银行行为以及伪造、变造、转让商业银行经营许可证行为，要求依法

① 这里的罪名采用的是刑法学中的通说观点，实质上，为了准确地适用刑法分则的罪名，1981年最高人民法院在筹备召开第三次全国刑事审判工作会议期间，就组织包括刑法学教授在内的力量，依照刑法分则的规定，参考各地刑事审判实践经验，起草了《关于适用刑法分则罪名的初步意见》（1981年11月），为了慎重起见，这个初步意见并没有提交最高人民法院于1981年在石家庄市召开的第三次全国刑事审判工作会议上进行讨论，因而没有出台。

追究刑事责任。后《关于惩治破坏金融秩序犯罪的决定》将擅自设立以及伪造、变造、转让行为的对象由商业银行扩展到商业银行以及其他金融机构。在1997年刑法全文吸纳上述规定后,《刑法修正案》(1999)又以列举的方式进一步明确了“其他金融机构”的范围,包括证券交易所、期货交易所、证券公司、期货经纪公司、保险公司,并保留了“其他金融机构”的表述,以便进一步扩展犯罪对象。

相关存贷款犯罪行为最早由《商业银行法》(1995)规定,包括非法吸收公众存款、违法向关系人发放贷款以及贷款诈骗行为,要求依法追究刑事责任。后《关于惩治破坏金融秩序犯罪的决定》(1995)在吸纳了上述规定的基础上,规定了非法吸收公众存款罪、集资诈骗罪、违法向关系人发放贷款罪、违法发放贷款罪以及贷款诈骗罪。1997年刑法修改又增设了高利转贷罪、用账外客户资金非法拆借、发放贷款罪。2006年的《刑法修正案(六)》出台,新增第175条之一骗取贷款、票据承兑、金融票证罪;修改第186条“违法向关系人发放贷款罪”及“违法发放贷款罪”,将“向关系人发放贷款”由独立的犯罪修改为违法发放贷款的从重处罚情节,并放宽了入罪的条件,同时在两档法定刑处分别增设了“数额巨大”及“数额特别巨大”的情节,基于上述修改,《关于执行〈中华人民共和国刑法〉确定罪名的补充规定(三)》将《刑法》第186条罪名改为“违法发放贷款罪”;修改第187条用账外客户资金非法拆借、发放贷款罪,删除了“以牟利为目的”的主观要件,删除了资金用途的限制性规定,并增设了“数额巨大”“数额特别巨大”的情节,根据《关于执行〈中华人民共和国刑法〉确定罪名的补充规定(三)》,该条罪名改为“吸收客户资金不入账罪”;新增第175条之一增设骗取贷款罪。2015年《刑法修正案(九)》取消了集资诈骗罪的死刑规定。

金融票证犯罪行为最初由1979年刑法规定,在第123条规定了伪造支票行为。其后,《票据法》(1995)明确票据欺诈(包括伪造、变造票据和票据诈骗)以及对违法票据承兑、付款、保证造成重大损失,构成犯罪的,依法追究刑事责任。《关于惩治破坏金融秩序犯罪的决定》吸纳了上述规定,并增设了金融凭证诈骗罪、信用证诈骗罪、信用卡诈骗罪、违法出具金融票证罪。1997年刑法予以吸纳。《刑法修正案(五)》(2005)出台,针对信用卡犯罪做出了补充规定,新增第177条之一妨害信用卡管理罪以及窃取、收买、非法提供信用卡信息罪，并增加了第196条信用卡诈骗罪的行为方式。[①] 其后的《刑法修正案（六）》（2006）再次新增罪名：骗取票据承兑、金融票证罪。2011年《刑法修正案（八）》出台，取消了票据诈骗罪、金融凭证诈骗罪以及信用证诈骗罪的死刑。

证券犯罪行为的刑法规制可追溯到1979年刑法，其在第123条规定了伪造股票行为的罪与刑；1995年2月，全国人大常委会通过了《关于惩治违反公司法的犯罪的决定》，增设了擅自发行股票、公司企业债券罪。在1997年刑法修订时，立法机关提出，"为了维护证券交易秩序，打击证券欺诈等犯罪行为"，在刑法中规定了伪造、变造股票、公司、企业债券罪，擅自发行股票、公司企业债券罪，内幕交易罪，泄露内幕信息罪，编造并传播证券交易虚假信息罪，诱骗投资者买卖证券罪、操纵证券交易虚假信息罪。1998年第一部《证券法》出台，规定了非法开设证券交易所、擅自设立证券公司经营证券业务、诱骗投资者买卖证券、内幕交易、泄露内幕信息以及操纵证券交易价格、交易量，编造并且传播影响证券交易的虚假信息等行为，构成犯罪的，依法追究刑事责任。1999年5月国务院通过了《期货交易管理暂行条例》，解决了期货犯罪前置法问题，因此在《刑法修正案》（1999）中对期货犯罪作了规定，将其并入证券犯罪法条。2006年的《刑法修正案（六）》修改原第182条操纵证券、期货交易价格罪，将"操纵证券、期货交易价格"改为"操纵证券、期货交易市场"，并简化了客观行为认定标准，使得语言描述更加科学化，依据《关于执行〈中华人民共和国刑法〉确定罪名的补充规定（三）》，该法条

① 修改主要出于对"新的应当给予刑事制裁的严重违法行为"规制的需要。包括信用卡犯罪活动中出现的境内外互相勾结、集团化、专业化、分工细密等情况，在适用刑法时存在困难。目的在于保护银行等金融机构和公众的合法利益，维护金融机构的信誉和金融秩序。——《刑法修正案（五）（草案）说明》。高铭暄、赵秉志：《中国刑法规范与立法资料精选》（第二版），法律出版社2013年版，第179页。

罪名也相应地改为“操纵证券、期货市场罪”;[①] 2009 年《刑法修正案（七）》对第 180 条第一款内幕交易、泄露内幕信息罪增加了行为方式——“明示、暗示他人从事上述交易活动”，并在第 180 条增加一款，新增利用未公开信息交易罪。[②]

有价证券犯罪立法经历了从 1979 年刑法“伪造……其他有价证券”到 1997 年刑法设置伪造、变造国家有价证券罪与有价证券诈骗罪，并在法条中，将“有价证券”限定为国库券或者国家发行的其他有价证券。

套汇行为最初归入走私罪，在 1982 年全国人大常委会颁布的《关于严惩严重破坏经济的罪犯的决定》中，进一步提高了套汇行为（归入走私罪）的刑罚，最高刑改为死刑。1988 年全国人大常委会颁布《关于惩治走私罪的补充规定》，新设逃汇罪。1997 年刑法修订时，在当时逐步放宽外汇管制的形势下，对违反外汇管理的违法行为直接规定追究刑事责任的只有逃汇罪，而不久后亚洲金融危机影响下激增的外汇违法行为引发广泛关注，为了打击需要，《关于惩治骗购外汇、逃汇和非法买卖外汇犯罪的决定》（1998）出台，取消了 1997 年刑法逃汇罪犯罪主体“公司、企业或者其他单位”国有性质的限制，明确规定，不论单位性质如何，只要实施了情节严重的逃汇行为，均应以犯罪追究刑事责任，扩大了逃汇罪的主体范围。同时，增设了骗购外汇罪，规定了详细的罪状及刑罚。

洗钱犯罪最早由 1997 年刑法规定，将其上游犯罪限于毒品犯罪、黑社会性质的组织犯罪、走私犯罪。后《刑法修正案（三）》（2001）出台，将其上

① 《刑法修正案（六）》的修改由国务院主推，另外还有人大代表议案、最高人民法院、最高人民检察院等部门提出的修改建议。其针对金融犯罪的修改主要包括：（1）人民银行等部门提出骗取贷款行为危害金融安全，但要认定骗贷人是否具有“非法占有”目的很困难。因此建议增设“骗取贷款罪”。（2）证券法修改后，对操纵证券市场的违法行为的界定做了修改，要求刑法与修改后的证券法相衔接。司法机关与相关部门提出，原罚金由犯罪违法所得决定，导致难以计算，建议将罚金刑的数额具体化。（3）有关部门提出：针对现实中存在的金融机构挪用客户资金行为，无法套用金融机构工作人员挪用资金的规定。同时，考虑到保障公众资金安全，维护社会稳定，将负责经营、管理公众资金的单位违反国家规定运用资金，情节严重的行为入刑。（4）司法机关（处罚便利）与有关部门提出，司法实践中对损失数额认定较为困难，建议改由行为数额与严重情节作为衡量依据。（5）有关部门提出：吸收客户资金不入账，破坏金融管理秩序，危害金融安全，而监管机构却又难以监管，建议对数额巨大的，追究刑事责任。（6）有关部门提出：不少贪污贿赂犯罪、金融犯罪的违法所得巨大，为其洗钱将严重破坏金融管理秩序，危害金融安全，建议将其二者亦列为洗钱罪的上游犯罪。（7）有的常委委员和部门提出：骗用贷款入罪，那么用欺骗手段骗取金融机构的票据承兑、信用证、保函等，给金融机构造成重大损失行为的，也应该入刑。——《刑法修正案（六）（草案）说明》。参见高铭暄、赵秉志：《中国刑法规范与立法资料精选》（第二版），法律出版社 2013 年版，第 185 页。

② 有些全国人大代表和中国证监会提出，“老鼠仓”行为严重破坏金融管理秩序，损害公众投资者利益，应入刑。

游犯罪范围扩展至毒品犯罪、黑社会性质的组织犯罪、恐怖活动犯罪、走私犯罪。2006年《刑法修正案（六)》再次扩展洗钱犯罪的上游犯罪范围，增加了贪污贿赂犯罪、破坏金融管理秩序犯罪、金融诈骗犯罪，并在转换的财产中增加了有价证券。

有关保险的犯罪最初在《保险法》中以附属刑法的方式予以规定，包括：对于保险公司工作人员骗取保险金，擅自设立保险公司或非法从事商业保险业务的；对于保险诈骗、保险公司及其工作人员欺骗投保人、被保险人或受益人的，构成犯罪的，依法追究刑事责任。后《关于惩治破坏金融秩序犯罪的决定》(1995）专门规定了保险诈骗罪，该罪刑设计沿用至今。

《刑法修正案（六)》还新增背信运用受托财产罪和违法运用资金罪。

通过上述立法情况的梳理，可以清楚地看出，在法律层面，金融犯罪圈通过新增法条、扩大犯罪主体范围、增加行为方式、添设犯罪对象及降低入罪情节门槛、修改入罪标准便于司法适用等方式，呈现出持续扩大的态势。

二、金融犯罪圈的司法扩张

法律解释[1]对金融犯罪圈具有矫正作用，在制度设计上，人们视法律解释为一种单独的权力，一种通过解释形成具有普遍法律效力的一般解释性规定的权力，而不是一种附属于法律制定权和法律实施权或决定权的活动。[2] 在金融犯罪圈的形成过程中，法律解释的作用不可忽视。在下面的研究中，我们可以清晰地看到，法律解释主要解决刑法适用中的两个最基本问题：(1）犯罪对象的概念与范围界定；(2）犯罪认定标准。而在这两方面，法律解释常常突破刑法的原有规定或字面理解，承担起“实质立法”的角色。

---

① 这里所说的法律解释，包括：(1）立法解释，即立法机关依据其立法权对于成文法进行的有权解释；(2）司法解释，即司法机关依据其职权，根据宪法和法律，通过决定、批复、答复、复函等形式所作出的解释。对司法解释权的主体，学界存在不同的理解，为了研究的方便——毕竟，从法理上确定司法解释权的应然归属并非本文的研究内容，本文对司法解释的列举与探讨主要是为了勾勒出金融犯罪圈的变化——本文采纳广义的司法解释的概念，将最高人民法院及最高人民检察院针对法律适用所做出的解释均纳人规范研究范畴；(3）行政解释，即国家行政机关在行政管理活动中，对有关法律法规如何具体应用贯彻的问题所作的说明。根据《国务院办公厅关于行政法规解释权限和程序问题的通知》的规定，行政解释权主体包括国务院及各行政主管部门，针对的是行政法规条文本身需要进一步明确界限或者做补充规定的问题以及行政工作中具体应用行政法规的问题。

② 《立法法》第50条明确规定：“全国人民代表大会常务委员会的法律解释同法律具有同等效力。”而司法解释及行政解释，在“中国特色”的语境中，最高人民法院与最高人民检察院所做出的司法解释已远非其裁判权或检察权的附属，而是被单列为一种权力，一种通过解释形成具有普遍法律效力的一般解释性规定的权力。参见张志铭：《法律解释操作分析》，中国政法大学出版社1998年版，第233页。

为了清晰地体现法律解释对金融犯罪圈的影响，本文将仅就1997年刑法出台后的法律解释进行梳理。

（一）通过延展概念实现金融犯罪圈扩张

1. 有关“货币”的理解

这包括对“货币”的概念界定以及对“伪造的货币”的模糊性解释。

针对1997年刑法“货币”一词的概念界定，《人民币管理条例》（2000）明确纪念币，包括普通纪念币和贵金属纪念币，属于人民币。《最高人民法院关于审理伪造货币等案件具体应用法律若干问题的解释》（2000）将可在国内流通与兑换作为犯罪对象“货币”的必要特征。《全国法院审理金融犯罪案件工作座谈会纪要》（2001）明确台币亦包含在“货币”范畴。《公安部经济犯罪侦查局关于伪造缅甸货币行为定性问题的批复》（2004）认为，鉴于缅甸货币在中缅边境可以与人民币兑换，因此伪造缅甸货币的行为应以伪造货币罪定罪处罚，这实际上将货币的概念从“国内流通与兑换”外延至“部分地区流通与兑换”，从而扩大了“货币”的范围。2005年《中国人民银行反假货币奖励办法》将“货币”解释为人民币与外币，并强调“国际清偿、现行流通或边境贸易使用”等特征，同时详细界定了“伪造”与“变造”。2007年《公安部经济犯罪侦查局关于对制贩假贵金属纪念币行为性质认定问题的批复》将贵金属纪念币亦纳入“货币”范畴。2010年《最高人民检察院、公安部关于公安机关管辖的刑事案件立案追诉标准的规定（二）》（以下简称《立案追诉标准（二）》）吸纳了上述法律解释，在其第19条明确规定，本规定中的“货币”是指流通的以下货币：“（一）人民币（含普通纪念币、贵金属纪念币）、港元、澳门元、新台币；（二）其他国家及地区的法定货币。”至此，对“货币”的概念界定取消“在国内自由兑换”的限制，只要是现实流通中的法定货币，无论属何国或何地区，都列为刑法保护对象。《最高人民法院关于审理伪造货币等案件具体应用法律若干问题的解释（二）》同样强调了货币的“流通性”，言明“以正在流通的境外货币为对象”属假币犯罪，同时，“以使用为目的，伪造停止流通的货币，或者使用伪造的停止流通的货币的”构成诈骗罪。

鉴于伪造货币与变造货币的成本差异以及由此体现出的社会危害性的不同，1997年刑法在第170条与第173条分别规定了伪造货币罪与变造货币罪，以体现对伪造货币行为与变造货币行为的区别对待。然而，在第171条与第172条中均仅规定了“伪造的货币”：“出售、购买伪造的货币或者明知是伪造的货币而运输”；“银行或者其他金融机构的工作人员购买伪造的货币或者利用职务上的便利，以伪造的货币换取货币”；“明知是伪造的货币而持有、使用”，这使得出售、购买、运输、持有、使用或者换取变造的货币行为应如何界定成为理论界与实践界争议的话题。对此，《全国法院审理金融犯罪案件工作座谈会纪要》以“假币”代替“伪造的货币”，从而模糊伪造货币与变造货币之间的差异，传递出在司法实践中，对“伪造的货币”与“变造货币”同等对待的信号。从而解决了实践中对出售、购买、运输、持有、使用或者换取变造的货币行为的司法认定问题。

2. 有关“金融机构”的理解

当前司法实践中对“擅自设立金融机构罪”以及“伪造、变造、转让金融机构经营许可证、批准文件罪”中所涉的金融机构的范围界定，经历了如下的扩张过程：1998 年国务院出台《非法金融机构和非法金融业务活动取缔办法》明确了非法金融机构的概念特征及金融业务的范围，同时强调，“非法金融机构的筹备组织，视为非法金融机构。”1999 年国务院出台的《金融违法行为处罚办法》确定了金融机构的概念并以罗列的方式明确了金融机构的范围。2001 年《全国法院审理金融犯罪案件工作座谈会纪要》强调对于超过“三乱”实施方案规定期限继续从事非法金融业务活动、情节严重的，依法追究刑事责任。2001 年 4 月《关于经济犯罪案件追诉标准的规定》明确了金融机构及其筹备组织均为刑法意义上的“金融机构”。2002 年《最高人民法院、最高人民检察院关于执行〈中华人民共和国刑法〉确定罪名的补充规定》根据《刑法修正案》对第 174 条的修改，将其第 2 款的罪名修改为伪造、变造、转让金融机构经营许可证、批准文件罪。同时，根据相关法律的规定，一系列行政解释相继出台，包括 2001 年的《外资保险公司管理条例》，2003 年的《中国银行业监督管理委员会关于调整银行市场准入管理方式和程序的决定》《农村信用社省（自治区、直辖市）联合社管理暂行规定》《农村商业银行管理暂行规定》《农村合作银行管理暂行规定》，2004 年的《企业集团财务公司管理办法》，2006 年的《外资银行管理条例》《外资银行管理条例实施细则》（已失效），2007 年的《信托公司管理办法》《期货交易管理条例》《期货交易所管理办法》，2008 年的《汽车金融公司管理办法》，2009 年的《保险经纪机构监管规定》《保险公司管理规定》，2010 年的《融资性担保公司管理暂行办法》等。这些行政法规、部门规章及相关规范性文件进一步地明确及扩展了金融机构的范围。2010 年《立案追诉标准（二）》基本延续了《关于经济犯罪案件追诉标准的规定》的规定，鉴于《期货交易管理条例》对期货公司的定位、业务范围等进行了新的调整，故将原《关于经济犯罪案件追诉标准的规定》中的“期货经纪公司”改为“期货公司”。

3. 有关“信用卡”的理解

1997年刑法中有关“信用卡”犯罪主要涉及“伪造、变造金融票证罪”与“信用卡诈骗罪”。对信用卡的理解直接影响此二罪的司法认定。在《信用卡业务管理办法》（1996，已失效）中，信用卡被界定为“中华人民共和国境内各商业银行（含外资银行、中外合资银行，以下简称商业银行）向个人和单位发行的信用支付工具。信用卡具有转账结算、存取现金、消费信用等功能”。这一概念强调“信用支付工具”性质，与借记卡相界分，符合国际社会对信用卡的界定。《支付结算办法》（1997）中也做了类似的概念界定。但是，在司法实践中，随着商业银行和其他金融机构业务的发展，出现了多种形式的电子支付卡，造成适用法律上的认识不统一。有地区将其认定为“电子化存折”，归入金融凭证范畴，也有地区将其类推为信用卡，归入相关信用卡犯罪。为了解决这一司法认定难题，结束各地司法认定不一致的问题，2004年《全国人民代表大会常务委员会关于〈中华人民共和国刑法〉有关信用卡规定的解释》将信用卡解释为“由商业银行或者其他金融机构发行的具有消费支付、信用贷款、转账结算、存取现金等全部功能或者部分功能的电子支付卡”。自此，刑法意义上的信用卡范畴已扩大至金融法规中银行卡的范围。

4. 有关“操纵证券市场行为”的理解

《中国证券监督管理委员会证券市场操纵行为认定指引（试行）》（2007）对操纵行为人与操纵行为手段做了较为详尽的界定，尤其指出“抢帽子”行为，即证券公司、证券咨询机构、专业中介机构或者从业人员，违背有关从业禁止的规定，买卖或者持有相关证券，通过对证券或者其发行人、上市公司公开作出评价、预测或者投资建议，在该证券的交易中谋取利益，属操纵行为。《立案追诉标准（二）》（2010）吸纳了上述规定，在操纵证券、期货市场罪的立案追诉标准中增加了“抢帽子”行为。

5. 有关“非法获取内幕信息的人员”的界定

刑法将内幕交易、泄露内幕信息罪的犯罪主体限定为“证券、期货交易内幕信息的知情人员、单位或者非法获取证券、期货交易内幕信息的人员、单位”，并且明确“知情人员的范围，依照法律、行政法规的规定确定”。司法实践中，对于非法获取内幕信息人员的范围多有争议，其焦点集中于对“非法”一词的理解——是仅限于通过窃取、骗取等非法手段获取内幕信息的人员，还是“禁止接触或获取内幕信息的人员”或不应“获知或掌握内幕信息”的人员。2012年《最高人民法院、最高人民检察院关于办理内幕交易、泄露内幕信息刑事案件具体应用法律若干问题的解释》（法释〔2012〕6号）援引了《证券法》《期货交易管理条例》的规定，规定7类人属于“证券、期货交易内幕信息的知情人员”，同时明确3类人属于“非法获取内幕信息人员”，首次明确具有特殊身份，即内幕信息知情人员的近亲属或者其他与其关系密切的人员以及内幕信息敏感期内与内幕信息知情人员联络、接触的人员均属于非法获取内幕信息的人员。这一解释实质上放弃了对行为人行为手段非法的追求，而是将证明要点集中于其特定身份上，从行为结果推定其“非法获取内幕信息人员”的身份。尽管该司法解释同时规定了“推定”之例外：有“正当理由或者正当信息来源”，但这种举证责任倒置的做法并没有改变内幕交易、泄露内幕信息罪犯罪主体范围扩大的事实。

6. 有关“非法占有目的”的行为推定标准

在《最高人民法院关于审理诈骗案件具体应用法律的若干问题的解释》（1996，已失效）中，主要针对集资诈骗罪中的“非法占有目的”行为推定标准进行了列举，包括携带集资款逃跑的；挥霍集资款，致使集资款无法返还的；使用集资款进行违法犯罪活动，致使集资款无法返还的；以及具有其他欺诈行为，拒不返还集资款，或者致使集资款无法返还的。2001年《全国法院审理金融犯罪案件工作座谈会纪要》统一了各罪“非法占有目的”的认定标准，强调评价履约能力与借款后表现，对集资诈骗罪明确犯罪目的可在集资前产生，也可能在集资过程中产生，均构成集资诈骗罪；而贷款诈骗罪，则明确合法取代贷款后，即便到期不能归还债务，亦不可认定为贷款诈骗罪。在犯罪数额的计算上，强调为实施诈骗而支付的相关费用不得从犯罪数额中扣除。《最高人民法院、最高人民检察院关于办理妨害信用卡管理刑事案件具体应用法律若干问题的解释》（2009）对恶意透支“非法占有目的”的认定基本沿用了上述标准。《最高人民法院关于审理非法集资刑事案件具体应用法律若干问题的解释》（2010）对集资诈骗的“非法占有目的”的认定主要基于行为人集资后款项处置行为的推定，而不再强调对行为人集资之前履约能力的考量。

（二）通过增设、修改犯罪认定标准实现犯罪圈扩张

有关犯罪认定标准的解释主要包括对入罪标准的界定与量化。从刑法法条设计看，除少数罪名未规定具体的入罪标准外，绝大多数的犯罪均以“数额较大”“重大损失”或者“其他严重情节”等方式强调入罪行为的严重性。对上述入罪标准的解读与细化标识着法益保护的限度。在下文中，我们将仅关注通过司法解释而致入罪标准以及量化方面有变化的个罪，以展现金融犯罪圈的变化历程。

1. 假币犯罪

假币犯罪认定标准的扩张主要依靠增设犯罪认定标准实现：《最高人民法院关于审理伪造货币等案件具体应用法律若干问题的解释》（2000）规定伪造

货币罪以“票面额”或者“币量”为入罪标准，其余四罪均只设定“票面额”标准。同时将“制造货币版样或者与他人事前通谋，为他人伪造货币提供版样”的伪造货币预备行为明确规定依照伪造货币罪定罪处罚。《全国法院审理金融犯罪案件工作座谈会纪要》（2001）将伪造货币罪设定为举动犯：“只要实施了伪造行为，不论是否完成全部印制工序，即构成伪造货币罪”；同时规定“对于尚未制造出成品，无法计算伪造、销售假币面额的，或者制造、销售用于伪造货币的版样的，不认定犯罪数额，依据犯罪情节决定刑罚”，增设“情节”标准，更加简化了伪造货币行为的犯罪认定。2003 年 12 月《公安部经济犯罪侦查局关于马党权变造货币案中变造货币数额认定问题的批复》强调变造货币的数额不扣除犯罪成本，以实际变造出的货币的票面额计算，包括被因挖补、撕揭而改变外在形态的货币。《立案追诉标准（二）》（2010）对出售、购买、运输假币罪，持有、使用假币罪，变造假币罪等三罪增加了币量标准。同时，在《立案追诉标准（二）》中降低了金融工作人员购买假币、以假币换取货币罪的立案追诉数额，实际上扩大了该罪的追诉范围。

2. 存贷款犯罪

存贷款犯罪的认定标准扩张主要依靠增设犯罪认定标准与降低部分罪名的量化标准来实现。在 2010 年的《立案追诉标准（二）》中，统一了高利转贷罪单位和个人的立案追诉标准，并将违法所得数额（个人）从 5 万元提高到 10 万元；对《刑法修正案（六）》增加的第 175 条之一的骗取贷款、票据承兑、金融票证罪参照违法发放贷款罪确定了量化标准，同时将骗取数额纳入追诉依据；对非法吸收公众存款罪增加了“造成恶劣社会影响的”以及兜底性的“其他扰乱金融秩序情节严重的情形”；对违法发放贷款罪统一了个人与单位的追诉标准、增加发放贷款数额（行为数额）以及降低直接损失数额；对吸收客户资金不入账罪同样统一个人与单位的追诉标准、增加吸收客户资金数额（行为数额）以及降低直接损失数额。《最高人民法院关于审理非法集资刑事案件具体应用法律若干问题的解释》（法释〔2010〕18 号）以列举的方式细化了非法吸收公众存款行为以及集资诈骗行为的认定标准，在追诉标准方面，基本认可了《立案追诉标准（二）》，但将“其他扰乱金融秩序情节严重的情形”的表述改为“其他严重后果的”，从而更为体现了对危害后果的强调。规定了非法吸收公众存款罪的出罪考量情形，明确“非法吸收或者变相吸收公众存款，主要用于正常的生产经营活动，能够及时清退所吸收资金，可以免予刑事处罚；情节显著轻微的，不作为犯罪处理”。明确了从事后资金处置方式推定集资诈骗犯罪的主观目的认定标准。2014 年《最高人民法院、最高人民检察院、公安部关于办理非法集资刑事案件适用法律若干问题的意见》

就如何认定《最高人民法院关于审理非法集资刑事案件具体应用法律若干问题的解释》中的“向社会公开宣传”“针对特定对象吸收资金”做了解释，并且对非法集资共犯设计了出罪情形：“能够及时退缴上述费用的，可依法从轻处罚；其中情节轻微的，可以免除处罚；情节显著轻微、危害不大的，不作为犯罪处理。”

3．金融票证犯罪

金融票证犯罪的认定标准扩张主要体现在《立案追诉标准（二）》对违规出具金融票证罪，对违法票据承兑、付款、保证罪以及相关金融票证诈骗罪的入罪标准的修改上。（1）调整违规出具金融票证罪的立案追诉标准：①统一个人与单位的追诉标准；②增加行为数额标准；③直损数额由个人10万元，单位30万元调整至统一标准20万元；④增加了受贿情节；⑤增加兜底性规定。（2）调整对违法票据承兑、付款、保证罪的立案追诉标准：①统一了单位与个人的追诉标准；②将直接损失数额由个人50万元、单位100万元调整至统一标准20万元。（3）提高了票据诈骗罪（个人）、金融凭证诈骗罪（个人）的立案追诉标准，诈骗数额由5000元调整为1万元。

4．证券、期货犯罪

证券、期货犯罪认定标准扩张同样依靠增设犯罪认定标准与降低部分罪名的量化标准来实现。这包括：在《最高人民检察院、公安部关于经济犯罪案件追诉标准的补充规定》中，针对内幕交易、泄露内幕信息罪和操纵证券、期货市场罪的立案追诉标准做了修改，对前者的修改主要在于：（1）将交易数额从20万元提高到股票成交额累计50万元以上、期货保证金累计30万元以上；（2）增加获利或避免损失数额；（3）删除了致使交易价格和交易量异常波动的标准；（4）将造成恶劣影响改为有其他严重情节。对后者则删除了非法获利数额、异常波动、强迫他人操纵交易以及收行政处罚2次以上的标准，而改之以各行为数额作立案追诉标准，同时增加了特殊主体的行为标准。《立案追诉标准（二）》（1）调整了擅自发行股票、公司、企业债券罪的立案追诉标准：①增加发行人数标准；②将造成恶劣影响改为其他后果严重或者其他严重情节。（2）修改编造并传播证券、期货交易虚假信息罪立案追诉标准：①增加获利数额标准；②将直损数额由3万元提高到5万元；③增加了“多次”标准；④将造成恶劣影响修改为其他造成严重后果的情形。（3）修改诱骗投资者买卖证券、期货合约罪的立案追诉标准：①增加获利数额标准；②将直损数额从3万元提高到5万元；③将造成恶劣影响改为其他造成严重后果的情形，在操纵证券、期货市场罪的立案追诉标准中增加了“抢帽子”行为。

5. 外汇犯罪

在2010年《立案追诉标准（二）》中修改了逃汇罪的立案追诉标准，包括区分单笔与累计数额，同时减低了单笔数额的追诉标准。

三、金融犯罪圈变化总结

通过上述对法律和法律解释的梳理，可以看出，金融犯罪圈的形成与发展呈现出以下几方面的特点。

（一）罪数增加

经过刑法修正案及刑法单行条例的9次修改，刑法分则第三章第四节、第五节中共增加了7个罪名——骗取贷款、票据承兑、金融票证罪（第175条之一），妨害信用卡管理罪（第177条之一第1款），窃取、收买、非法提供信用卡信息罪（第177条之一第2款），利用未公开信息交易罪（第180条第4款），背信运用受托财产罪（第185条之一第1款），违法运用资金罪（第185条第2款），骗购外汇罪（《全国人民代表大会常务委员会关于惩治骗购外汇、逃汇和非法买卖外汇犯罪的决定》第1条）。同时，取消了一个罪名——违法向关系人发放贷款罪，将其纳入违法发放贷款罪，作为该罪的从重处罚情节。单纯从数量上看，罪数增多。

（二）构成要件扩展

个罪标准上的变化主要包括：（1）扩大犯罪主体范围，如逃汇罪；（2）增加行为方式——如内幕交易、泄露内幕信息罪、信用卡诈骗罪；（3）添设犯罪对象——如擅自设立金融机构罪，伪造、变造、转让金融机构经营许可证、批准文件罪，洗钱罪以及所有期货犯罪；（4）扩大犯罪工具（犯罪对象）的范围——如对信用卡的扩大解释使得所有涉信用卡犯罪均扩大了适用范围；（5）降低入罪情节门槛——如违规出具金融票证罪、违法发放贷款罪、吸收客户资金不入账罪以及非法出具金融票证罪。

（三）立案追诉标准整体呈现扩张态势

立案追诉标准的调整，包括：（1）增加标准数量，如假币犯罪中增加币量标准，非法吸收公众存款罪增加“造成恶劣社会影响”标准，擅自发行股票、公司、企业债券罪增加发行人数标准，编造并传播证券、期货交易虚假信息罪和诱骗投资者买卖证券、期货合约罪增加获利数额标准，高利转贷罪中增加了“虽未达到上述数额标准，但两年内因高利转贷受过行政处罚二次以上”标准等。（2）降低入罪数额要求，主要是涉及金融机构工作人员渎职犯罪，如金融工作人员购买假币、以假币获取货币罪，违法发放贷款、吸收客户资金不入账、违规出具金融票证罪等。（3）对部分行为犯规定了具体的量化标准，以控制打击面，如伪造货币罪，金融机构工作人员购买假币、以假币换取货币罪，伪造、变造金融票证罪等。（4）提高入罪数额要求，主要涉及4类金融诈骗犯罪。

综上，除上述（三）中的（3）（4）外，其余变化均导致相关犯罪适用范围的扩张。

（四）刑罚处罚呈加重趋向

例如，《刑法》第182条操纵证券罪，由原先的数额型罚金修改为无限额型罚金，增设了情节特别严重的法定量刑幅度，加重了单位主管人员及直接责任人员的刑事责任；将违法向关系人发放贷款行为作为违法发放贷款罪的从重情节，实际上提高了该犯罪行为的法定刑。《关于惩治骗购外汇、逃汇和非法买卖外汇犯罪的决定》对逃汇罪刑罚的修改不仅明确了罚金的幅度，还增加了一档法定刑。

第二节　金融犯罪圈扩大化之评述

金融刑法频繁修改、实质性的扩张性解释与由此而导致的金融犯罪圈扩张是不争的事实。然而，仅就犯罪圈扩大的事实就得出立法上存在问题，是不合理的。立法中的犯罪化与非犯罪化本身并不代表法律的完备与先进程度，是否频繁修改也并非评价立法技术的必然标准。对犯罪圈的扩大或者缩限是否合理的评价应立足于对其合理性的考察，需探究刑法修改的原因，从是否符合金融刑法价值、是否符合金融刑法立罪依据要求以及是否符合金融刑法立罪边界标准等方面入手。

一、明显的实用主义倾向

实际上，任何立法或解释行为都是一定观念的物化、外化过程。探寻立法者、解释者的意图、精神、理由将有助于我们理解并反思立法与解释工作。立法（草案）说明以及司法解释机关对相应司法解释的说明与解读为我们提供了有力的研究工具。从1997年刑法修订草案说明到其后《关于惩治骗购外汇、逃汇和非法买卖外汇犯罪的决定》说明，再到9部刑法修正案草案说明，以及有权司法机关针对司法解释出台所做的解释与解读为我们大略展现了立法者的立法考量与意图。

（一）对现实需要的及时回应

《〈关于惩治骗购外汇、逃汇和非法买卖外汇犯罪的决定〉草案说明》（1998）解释了对外汇犯罪反复立法的原因：在1997年刑法修订时，国家处于

“当时逐步放宽外汇管制的形势下”，因此，“对违反外汇管理的违法行为直接规定追究刑事责任的只有逃汇罪”，而取消了原套汇罪，然而，受到亚洲金融危机的影响，外汇违法行为激增，“去年四季度以来，随着亚洲金融危机的发展，一些不法分子千方百计骗购外汇，非法截留、转移和买卖外汇，活动十分猖獗，发案数量激增，涉案金额巨大。这种状况如不及时制止，将严重损害国家金融、经济的稳定和安全”。为了惩治违反外汇管理的非法活动，最高人民法院以司法解释的方式为打击外汇犯罪提供了法律依据，然而“难以将新发生的各种违法行为都包括进去”，在这样的背景下，国务院提请人大常委会作出立法解释性规定。最终，人大常委会决定以单行刑法的方式出台规定，修改逃汇罪，增设骗购外汇罪。

（二）充分发挥刑法金融秩序保护机能

在各立法（草案）说明中，“需要”成为出现频次最高的表述。而绝大多数的“需要”均与“秩序”维护相关。如1997年刑法增设高利转贷罪是考虑到该行为“严重扰乱金融管理秩序”；增加了内幕交易、泄露内幕信息罪，操纵证券交易价格罪以及编造并传播虚假信息罪的目的在于“为了维护证券交易秩序，打击证券欺诈等犯罪行为”。《关于惩治骗购外汇、逃汇和非法买卖外汇犯罪的决定》（1998）出台的原因主要是对亚洲金融危机影响下激增的外汇违法行为作出的快速回应。《刑法修正案》增设期货犯罪的原因是“《关于〈关于惩治期货犯罪的决定（草案）〉的说明》指出，期货市场自1990年试点，经过近十年的发展，突出暴露出一些问题，严重损害了投资者的利益，严重扰乱了金融秩序和经济秩序，不定罪处罚则难以保证期货市场健康运行”①。而《刑法修正案（三）》对洗钱罪的再修改则是基于“打击恐怖主义的需要”。②《刑法修正案（六）》增设背信运用受托财产罪以及违法运用资金罪的原因在于“针对现实中存在的金融机构挪用客户资金行为，无法套用金融机构工作人员挪用资金的规定。同时，考虑到保障公众资金安全，维护社会稳定，将负责经营、管理公众资金的单位违反国家规定运用资金，情节严重的行为入刑。”对洗钱罪的二次修改，也是出于“不少贪污贿赂犯罪、金融犯罪的违法所得巨大，为其洗钱将严重破坏金融管理秩序，危害金融安全”的考量。《刑法修正案（七）》增设利用未公开信息牟利罪同样是出于“老鼠仓行为，严重破坏金融管理秩序，损害公众投资者利益”的考量。

---

① 节选自《刑法修正案（草案）说明》。高铭暄、赵秉志：《中国刑法规范与立法资料精选》（第二版），法律出版社2013年版，第164页。

② 节选自《刑法修正案（三）（草案）说明》。高铭暄、赵秉志：《中国刑法规范与立法资料精选》（第二版），法律出版社2013年版，第169页。

（三）解决严重违法行为刑法适用困难问题

针对新增妨害信用卡管理罪与窃取、收买、非法提供信用卡信息罪，以及增加第196条信用卡诈骗罪的行为方式，《〈刑法修正案（五）〉草案说明》做了如下说明："信用卡犯罪活动中出现的境内外互相勾结、集团化、专业化，分工细密等情况，在适用刑法时存在困难。"基于"应当给予刑事制裁的严重违法行为"规制的需要，增设罪名。[①]

（四）增强刑法的可操作性

从立法（草案）说明以及法律修改内容来看，刑法修正案以及法律解释对入罪标准的修改大多与方便司法适用有关，以降低司法证明要求，加大刑法的打击效能为目的追求。如在法律修改方面，在《〈刑法修正案（六）〉草案说明》中，是如此表述增设骗取贷款罪的原因的："人民银行等部门提出骗取贷款行为危害金融安全，但要认定骗贷人是否具有'非法占有'目的很困难。"而操纵证券、期货市场罪中罚金数额具体化的修改的原因，在于"司法机关与相关部门提出，原罚金由犯罪违法所得决定，导致难以计算，建议将罚金刑的数额具体化"。对违法发放贷款罪、吸收客户资金不入账罪以及违规出具金融票证罪的修改也主要是因为"司法实践中对损失数额认定较为困难，建议改由行为数额与严重情节作为衡量依据"。"吸收客户资金不入账，破坏金融管理秩序，危害金融安全，而监管机构却又难以监管，建议对数额巨大的，追究刑事责任。"在法律解释方面，有关将信用卡扩大解释为金融机构的"电子支付卡"的立法解释，立法部门对其的解释是"符合立法原意，也有利于统一执法，是可行的"。《立案追诉标准（二）》中对在出售假币现场被抓获的行为人的住所或者其他藏匿地查货的假币，直接规定可认定为出售假币的数额。从而解决了2001年《全国法院审理金融犯罪案件工作座谈会纪要》中规定的"有证据证实后者是行为人有实施其他假币犯罪的除外"的证明问题；同时，使用"获利数额"这一行为数额来界定编造并传播证券、期货交易虚假信息罪的"造成严重后果"。

（五）出于对金融法与金融刑法立法逻辑的考量

在1997年刑法出台后的两年后，立法部门便通过《刑法修正案》的方式增设期货犯罪，便是出于此因。《关于〈关于惩治期货犯罪的决定（草案）〉的说明》指出，期货市场自1990年试点，经过近十年的发展，突出暴露出一些问题，严重损害了投资者的利益，严重扰乱了金融秩序和经济秩序，不定罪

① 节选自《刑法修正案（五）（草案）说明》。高铭暄、赵秉志：《中国刑法规范与立法资料精选》（第二版），法律出版社2013年版，第179页。

处罚则难以保证期货市场健康运行。而1997年刑法修改时由于国家尚未制定有关期货交易管理的实体性法律、行政法规，致使期货犯罪难以准确界定，故而未纳入刑法内容。1999年5月国务院通过了《期货交易管理暂行条例》，前置法问题已解决，因此特提请人大常委会就刑法相关证券犯罪的规定（第174、180、181、182、225条）做出扩大使用范围的立法解释，使刑法上述几条规定适用于惩治期货犯罪。《刑法修正案（六）》中对证券犯罪的修改，也是出于实现刑法与修改后的证券法相衔接的目的。因此，在《刑法修正案（六）》中根据证券法的修改，对操纵证券市场的违法行为做了重新界定。

（六）域外立法借鉴与国际责任承担

洗钱罪的设置与修改体现了国际环境与域外法律对我国刑事立罪的影响。在《刑法（修订草案）》修改意见的汇报中，指出1997年刑法增设洗钱罪的原因在于“很多国家的刑法对洗钱的犯罪行为做了规定，我国关于禁毒的决定中也对洗钱做了规定……洗钱犯罪时有发生，并已不限于毒品犯罪”。《刑法修正案（三）》对洗钱罪的再修改则是基于打击恐怖主义的需要。

通过上述梳理，不难发现，从实践来看，我国金融刑法立法与解释有着明显的实用主义倾向。在金融刑法频繁修改背后，体现的是国家对刑法的工具效用的强调。表达了立法者对通过金融刑事犯罪圈的扩张，可以达到维护金融秩序、及时回应金融市场发展需要、解决金融市场发展过程中暴露出的问题等目标的期许。同时，在法律解释中强调语境性，以用具体分析问题和实际解决问题的方式代替基础主义的思考。

二、合理性与必要性的追问

金融刑法立法问题既是一个重要的实践问题，更是一个重要的理论问题。通过对中国金融刑法立法进程的归纳及对立法意图的考察，有利于我们理解、分析、总结、反思金融刑事立法。金融犯罪作为一种专业性、智能型犯罪，犯罪人（金融市场的理性人）通常在实施犯罪之前会分析评估其犯罪成本与收益。如果一个国家存在大量的刑事失范现象，则意味着其犯罪成本较低，这必然会更为刺激失范行为的发生。因此，发挥拥有最为严厉的惩罚手段的刑法的社会保障机能，是维护金融市场秩序的必然选择。于是，我们看到，自1997年刑法之后共出台一个刑法单行条例和9个修正案，而其中，涉及刑法分则第三章第四节、第五节修改的，包括单行条例和7个修正案在内，有8个之多。在本书所研究的38个罪名中，有些甚至被修改过两次。

必须强调的是，对于刑法犯罪圈的反思不宜单纯从法条数量或修改次数上衡量，应更为关注其制定与修改的合理性与必要性。前文对金融刑法观的理论建构为我们提供了反思依据。

（一）明显的保护金融管理秩序主义色彩

从现行刑法典规范看，对金融各罪的立罪设计均围绕着“金融管理秩序”展开，包括金融诈骗犯罪在内的所有金融犯罪在解释论上均被理解为以“金融管理秩序”为主要客体。正源于此，基于同类客体专章化原则，我国刑法以金融管理秩序为次同类客体，在刑法分则第三章破坏社会主义市场经济秩序犯罪项下，将扰乱金融管理秩序行为归入刑法分则第三章第四节，同时又在刑法分则第三章第五节规定了相关金融诈骗犯罪，以强调对扰乱金融交易秩序行为的否定，从而形成了金融刑法分则体系。这一立法思路在于：“经济犯罪从其本质上讲，是一种从总体上针对社会经济关系和经济秩序的犯罪，而不是针对单个人的合法权益的犯罪，它的社会危害程度最主要和最根本的也正是在于其对社会经济秩序和经济关系的侵害。”

然而，正如上文所言，过度强调对金融管理制度（秩序）的保护，极有可能导致金融犯罪圈的不当扩大，使公权肆意干涉私域成为可能。同时，一味地强调金融刑法的目的在于对金融秩序的保护，极易使刑法蜕变为执行金融管理法的强有力的手段，使刑法丧失其独立的部门法立场。因此，应坚持公民、法人的个体利益的第一性保护地位，将不损害社会公共利益限定为防止权利滥用的前提。①

相较金融犯罪圈的立法扩张，在笔者看来，金融犯罪圈的司法扩张更值得关注。正如前文所言，在金融秩序保障理念的指引下，相关金融犯罪的司法解释通过延展概念以及增设、修改犯罪认定标准等方式实现了金融犯罪圈扩张。② 学界对于这种司法扩张似乎普遍持认可的态度，认为其最大的功效在于能够实现行为的可罚性与法的安定性的良性平衡。③ 然而，在“中国特色”的语境中，司法解释已经成为一种具有普遍法律效力的一般解释性规定，而根据《最高人民法院、最高人民检察院关于适用刑事司法解释时间效力问题的规定》（2001 年），“司法解释……自发布或者规定之日起施行，效力适用于法律的施行期间”。这使得适用“事后法”成为可能，有违罪刑法定原则。

（二）明显的保护金融机构色彩

现行刑法只规定了金融客户因侵害金融机构利益而破坏金融秩序的犯罪，却未对银行恶意隐瞒、欺诈客户利益的行为做出否定性评价。这是银行在金融

---

① 详见本书第三章第一节内容。

② 详见本书第四章内容。

③ 刘艳红：《刑法的目的与犯罪论的实质化——“中国特色”罪刑法定原则的出罪机制》，《环球法律评论》2008 年第 1 期，第 47 页。

刑事立法中占优势话语权的体现。高利转贷罪的设立体现了刑法对正规金融机构垄断利益的保护以及对民间资本自由借贷的限制；根据《〈刑法修正案（五）〉草案说明》，增设妨害信用卡管理罪的目的在于“为了保护银行等金融机构和公众的合法利益，维护金融机构的信誉和金融秩序”。而《刑法修正案（六）》增设骗取贷款罪也是基于人民银行的建议。显然，这种单方面立罪模式，更多的是为了满足金融机构强烈的要求而做的情绪化的规定，缺乏对相关利益的衡量。

出现这样的情况，与法律制定和修改过程中的官僚化倾向以及权力博弈有关。自20世纪70年代末开始的中国立法，一个明显趋势是向着专业化和正规化的方向发展。从实际情况看，处于行政领导第一线的国务院，由于了解实际情况，承担大部分立法草案的起草工作，中国立法带有显见的“官僚法”的特点。事实上，法律作为社会控制和调整的重要工具，其显见的政治意义必然要求政治领导者不得不从政治全局对法律的制定和修改进行思考和取舍，法律沦为部门利益的卫士。当我们考察中国的立法现状时，不难发现，大约80%以上的法律都是由某一个具体管理部门草拟法律草案，然后逐级提交审议通过。而且，为了能在草案直至最后公布的法律文本中充分体现自己的权力而尽可能回避义务，各部门立法积极性非常高。在立法的领域中，各种权力在博弈中被充分地利用和尽可能地维护，而权利的声音基本上被忽略。由于参与立法的官员及法律精英难免的部门倾向，也因为参与立法的人大代表在专业知识和个人能力上的可能的不足，使得法律极易呈现出争权、扩权、维护部门利益、回避义务等现象。

金融刑法调整领域具有高度的专业性和技术性的特点，其制定与修改需要刑法学家、金融法学家以及金融市场各权利主体的参与。刑法学者对刑法谦抑性的坚守，金融法学家对金融自由的强调以及金融市场参与者对权利的诉求可以有效地对抗金融主管部门主导立法的部门利益偏向。

（三）片面的刑事规制主义

现行的金融刑法并未完全与金融法相衔接。如在1998年《证券法》出台前，1997年刑法即先行一步的固定了证券犯罪；“期货交易法”尚未出台，1999年刑法修正案又提前将期货纳入刑法规制的范畴。《刑法修正案（五）》增设的妨害信用卡管理罪与窃取、收买、非法提供信用卡信息罪，除“使用虚假身份骗取信用卡”有行政法规制外，其他情形均无法找到行政法依据。《刑法修正案（六）》将骗取票据承兑、信用证、保函行为入刑时，《票据法》《担保法》《国内信用证结算办法》中均未有内容涉及。对于吸收客户资金不入账行为，《金融违法行为处罚办法》也只规定了金融机构的吸收客户资金不入账的情形，对于个人行为并未涉及。同样情况的还有违法运用资金罪。《刑法修正案（六）》规定了“社会保障基金管理机构、住房公积金管理机构等公众资金管理机构，以及保险公司、保险资产管理公司、证券投资基金管理公司，违反国家规定运用资金的”行为入刑，然而直至2010年《社会保险法》方出台，2016年《全国社会保障基金条例》方公布。利用未公开信息交易罪的立法设计也存在相同的问题，无论是《证券法》《证券投资基金法》《信托法》还是《期货交易管理条例》均无明确禁止性规定，甚至对何谓未公开信息均无界定。尽管其后证监会在《基金管理公司投资管理人员管理指导意见》中明确规定了投资管理人员不得利用未公开信息为自己或者他人谋取利益，但这是在《刑法修正案（七）》出台后规定的，是对《刑法修正案（七）》的回应，且同样没有明确规定与其配套的行政处罚措施。有观点认为，刑法在立法方面走到了其他部门法之前，体现了刑事政策的称职。[①] 事实上，刑法，作为一项制度性安排，其工具性不言而喻，寻求其内容上的必要性与合理性方为刑事立法更为重要的任务。如果金融刑法不经行政法而直接与民商法对接，就等于政府放弃乃至掩盖自己的公共管理责任，通过把被告送至刑事法庭来解决生活交际问题，由此导致的刑事审判与刑罚处罚的正义性就大打折扣了。[②]

同时，刑法与金融前置法的协调与衔接在法律用语的一致性与法律规制的合理性两方面也存在问题。当下金融刑法的法条设计很大一部分都是直接照搬金融法法条原文，仅在处罚上有所差异，或再加上一定的罪量标准，[③] 以此来体现二法之间的协调。但在某些“语词”的解释上，二法往往出现差异。最为明显的就是对“信用卡”一词的界定。[④] 这种概念上的差异有损于刑法与相

---

① 李娜：《金融犯罪刑事政策探析》，《中国刑事政策报告》（第2辑），中国方正出版社2007年版，第140页。

② 刘远：《金融欺诈的犯罪化限度及路径》，《法治研究》2010年第10期，第33页。

③ 例如，《刑法》第180条规定的内幕交易、泄露内幕信息罪，在行为表述上与《证券法》第202条之规定基本一致，除去有关期货的规定，仅在语词上有些微的区别，如《证券法》规定“买卖该证券”，《刑法》则采用了“买入或者卖出该证券”的表达方式，《证券法》表述为“建议他人买卖该证券”，《刑法》规定“明示、暗示他人从事上述交易活动”。内幕交易、泄露内幕信息罪要求“情节严重”，以此与《证券法》规定的行政违法相界分。《刑法》规定的操纵证券市场罪行为和《证券法》规定的操纵证券市场行为的外延也完全相同，行刑界分由《刑法》规定的“情节严重”实现。

④ 在《信用卡业务管理办法》（1996，已失效）中，信用卡被界定为“中华人民共和国境内各商业银行（含外资银行、中外合资银行，以下简称商业银行）向个人和单位发行的信用支付工具。信用卡具有转帐结算、存取现金、消费信用等功能”。这一概念强调“信用支付工具”性质，与借记卡相界分，符合国际社会对信用卡的界定。《支付结算办法》（1997）中也做了类似的概念界定。而为了解决针对或利用借记卡违法行为入刑问题，2004年全国人大常委会通过立法解释的方式，规定：刑法规定的“信用卡”是指由商业银行或者其他金融机构发行的具有消费支付、信用贷款、转账结算、存取现金等全部功能或者部分功能的电子支付卡。

关部门法的协调关系；金融刑法中大量使用了空白罪状的表述方式，或在叙明罪状最后设计堵截性条款。这样的设计有其合理性，是立法者合理调试刑法与相关部门法规范的技术手段，同时，也能有效弥补成文刑法灵活性不足的现实。然而，空白罪状和堵截性条款的弊端是，金融刑法内容将随着前置法的变动而发生变动，或有可能因不当解释而导致罪名扩大适用①，与刑法明确性要求相悖。

（四）从结果评价向行为评价的转向

在1997年刑法中，金融犯罪的入罪标准大多采取数额犯、目的犯、结果犯的构成设计。正如上一章节中讨论的那样，现行金融刑法的罪量确定模式本就是以行为情节为主导的，而在其后的修法与法律解释过程中，我们可以明显地看到，越来越多的犯罪以“情节”作为其犯罪成立要件。如《刑法修正案（六）》针对违规出具金融票证罪、违法发放贷款罪、吸收客户资金不入账罪以及非法出具金融票证罪的修改，将行为情节（数额）纳入立罪标准中；法律解释在对个罪数额的解释中，也同样将行为数额作为立案追诉标准之一。尽管这样的变化，在笔者看来，主要是基于司法适用便宜的需要，但其实质上带来的是从结果评价向行为评价的转向。

在当前的二元制裁体系下，这样的规范并不必要，也不合理。在二元制裁体系下，定量的抽象标准就是民法、行政法功能作用的临界点。民法、行政法

---

① 汪建中案中，有关其抢先交易行为是否属于操纵证券市场行为的争议便体现了这一点。因为缺乏明确的相关法律条文，控辩双方在庭审时进行了激烈的辩论。控方指出虽然汪建中的犯罪手法新颖，实质还是符合《刑法》第182条操纵证券市场罪的规定，是对某一只股票的操纵或者实施人为影响，利用可预期的市场波动抢先交易，以取得经济利益或避免损失的行为，汪建中因上述行为非法获利1.26亿元，符合最高人民检察院、公安部《关于经济犯罪案件追诉标准的规定》规定的操纵证券市场非法获利50万元以上的追诉标准。辩方则认为抢先交易行为是否属于操纵证券市场的行为，法律没有明确规定，根据罪刑法定原则，不应认定为犯罪。我国《证券法》第77条对市场操纵行为的规定，仅针对“联合买卖”或者“连续买卖”“相对委托”和“洗售”这三种市场操纵手段作出明确规定，而对于抢先交易未作规定。抢先交易行为，即使被认定为违法，也不能被认定为刑事犯罪。即使证监会认定该行为违法，也不能作为刑事处罚的依据。虽然证监会制定的《证券市场操纵行为认定指引（试行）》规定了“抢帽子”交易操纵，但此规定至今并未公布实施，所以对北京首放及汪建中进行行政处罚没有法律依据，对汪建中予以刑事处罚更是于法无据。参见邱伟、孙莹：《黑嘴汪建中上午受审先说7点异议》，《北京晚报》2010年10月28日，第5版。在笔者看来，辩方有关“抢帽子”行为是否可以作为“以其他方法操纵证券、期货市场的”这一堵截性条款（兜底条款）内容的争论不无道理。在金融前置法尚未明确“抢帽子”交易并设置相关行政罚的情况下，即便行为人的行为无论是从性质还是造成的后果都符合“严重社会危害性”标准，亦不应以犯罪认定，因为这不仅有违刑法属于保障法的属性，也不符合操纵证券市场罪法定犯之本质，正如何荣功博士指出的那样：这会导致“兜底条款的适用变得更加不确定”。参见何荣功：《刑法“兜底条款”的适用于“抢帽子交易”的定性》，《法学》2011年第6期，第159页。

功能不能正常发挥的临界点（最高限）才是刑法干预的逻辑起点（最低限）。①

（五）隐性的重刑主义

尽管刑法修正案（八）与（九）取消了金融犯罪死刑的规定，但并未实际改变金融刑法的重刑结构。当前金融刑法中还保留着大量适用无期徒刑和没收财产等重刑，同时，金融个罪大多以3年或5年为最低刑，配刑明显偏高。然而，尽管金融刑法配刑呈现出总体趋重的趋向（甚至在部分金融领域，公安部门会同金融主管部门组织了若干次专项打击行动，以期集中兵力，重拳打击日趋严重的金融犯罪，维护资本市场秩序和金融管理秩序，保证刑法的实施——如公安部与人民银行四次联手组织打击银行卡犯罪专项行动、公安部会同中国证监会部署行动打击证券期货领域违法犯罪活动、公安机关与有关部门集中开展互联网金融风险专项整治，严厉防范打击证券期货领域、地下钱庄、金融诈骗等犯罪活动），但从公安部门反馈的案件信息看，收效并不明显。

与国内金融刑法重刑化趋势不同的是，国外金融刑法立法趋向宽缓型的立法政策，在个罪罪名设计和刑罚幅度上都呈现出轻型化趋向。有学者在对比了中国大陆刑法、日本证券交易法、中国台湾证券交易法以及中国香港证券条例中对有关操纵证券、期货市场行为的处罚，中国、新加坡、澳大利亚各国对内幕交易罪处罚以及中、俄、法等国刑法对洗钱罪的处罚后指出，我国立法中对金融该犯罪的刑罚幅度规定相对较高，这种量刑差异将直接影响国内外共同打击跨国金融犯罪活动的顺利开展。②

小　结

金融刑法频繁修改、实质性的扩张性解释与由此而导致的金融犯罪圈扩张是不争的事实。但仅就扩大的事实就得出立法上存在问题，是不合理的。立法中的犯罪化与非犯罪化本身并不代表法律的完备与先进程度，是否频繁修改也并非评价立法技术的必然标准。对犯罪圈的扩大或者缩限是否合理的评价应立足于对其合理性的考察，需探究刑法修改的原因，从是否符合金融刑法价值、是否符合金融刑法立罪依据要求以及是否符合金融刑法立罪边界标准等方面入手。在笔者看来，由于国家宏观调控者及金融行业直接竞争参与者的双重身份，现行金融刑法存在明显的保护金融管理秩序主义色彩，过度强调对金融管

① 梁根林：《刑事法典：扩张与限缩》，法律出版社2005年版，第65页。

② 姜涛：《我国金融刑法中的重刑化立法政策之隐忧》，《中国刑事法杂志》2010年第6期，第36～37页。

理制度（秩序）的保护，极有可能导致金融犯罪圈的不当扩大，使公权肆意干涉私域成为可能。同时，一味地强调金融刑法的目的在于对金融秩序的保护，极易使刑法蜕变为执行金融管理法的强有力的手段，使刑法丧失其独立的部门法立场，形成对行政法的附属地位。因此，应坚持公民、法人的个体利益的第一性保护地位，将不损害社会公共利益限定为防止权利滥用的前提。针对法律制定和修改过程中的官僚化倾向以及权力博弈导致的金融刑法明显带有保护金融机构色彩的问题，笔者提出，金融刑法调整领域具有高度的专业性和技术性的特点，其制定与修改需要刑法学家、金融法学家以及金融市场各权利主体的参与。刑法学者对刑法谦抑性的坚守，金融法学家对金融自由的强调以及金融市场参与者对权利的诉求可以有效地对抗金融主管部门主导立法的部门利益偏向。现行金融刑法还存在着片面的刑事规制主义问题，并未完全与金融法相衔接，导致刑事审判与刑罚处罚的正义性大打折扣。金融刑法从结果评价向行为评价的转向以及隐性的重刑主义同样值得关注。

第五章　边界理论检视下的个罪矫正

本章将立足于金融刑法的实然规范，具体阐述笔者对现行金融刑法的一些思考。所涉内容将仅针对笔者认为现行刑法法条中有迫切修改必要的。对于学界的其他立罪建议，如要求金融刑法对新的金融形态、交易方式的规制与保护，建议法益保护前置以应对金融风险等，已在前三章理论探讨与实然金融刑法圈反思中，表达了作者的观点。

在本书的第三章，笔者着重阐述了金融刑法的立罪边界理论，包括：(1) 正当性考察。金融刑法保护法益应以金融法保护法益为限，金融刑法既保护公民、法人的个体利益，也保护社会公共利益，并且，对前者的保护是第一位的，不损害社会公共利益只是防止权利滥用的前提，刑法应该保护的仅限于直接关系社会公共利益部分；金融刑法应仅规制严重侵害金融法益行为，罪量要素的实现应遵循定量原则，不宜设计抽象危险犯；(2) 必要性考察：无效果与太昂贵的行为不应入罪。

第一节　高利转贷罪应做非罪化处理

有关高利转贷犯罪是否应做去罪化处理，关键在于检讨该罪侵害法益所在，从而进行犯罪化或去罪化的利益衡量，有助于澄清该罪设置是否具有立法上的正当性与必要性。高利转贷罪是《刑法》第 175 条规定之罪名，其基本构成要素包括：以转贷牟利为目的；套取金融机构信贷资金；高利转贷他人；违法所得数额较大。笔者认为，高利转贷罪应做非罪化处理，基于如下理由：

一、侵害法益之缺失

一种犯罪构成设置之所以具有正当性，在根本上需要该行为具有法益侵害性。对于高利转贷罪的立罪设计所要保护的法益，应考察立法背景，从立法意图中寻找答案。

《全国人大法律委员会关于〈中华人民共和国刑法（修正草案）〉，〈中华人民共和国国防法（草案）〉和〈中华人民共和国香港特别行政区选举第九届全国人民代表大会代表的办法（草案）审议结果的报告〉》对于 1997 年刑法增设高利转贷罪的原因做了如下解释："有的代表提出，目前，一些个人和单位从金融该机构套取贷款转贷他人，谋取非法利益的情况比较严重，这种行为严重扰乱金融管理秩序，建议在刑法中增加相应的规定。"可见，彼时立法机关的立罪考虑因素有二：一是认为转贷行为多，谋取非法利益的情况严重；二是认为严重扰乱金融秩序。前者是一种事实判断，后者则主要是对其造成的危害结果的一种定性，被认为是立罪正当性的体现。然而，金融管理秩序是一个十分宽泛的概念，要想探究其立罪的正当性依据，就必须从彼时金融管理制度中找寻答案，方可回答为何套取贷款转贷他人行为会扰乱金融管制秩序；扰乱的又是何管理秩序以及具体侵害的是何法益等问题。

易秋霖博士对中国信贷市场的变迁所做的梳理为我们提供了回答依据，他指出，从1979年开始到1997年，是中国信贷市场逐渐建立的时期，其基本特点是，信贷资金总量由计划部门控制，利率由政府管理部门控制，金融机构基本上均为国有，信贷资源由政府计划配置。正是在这样的背景下，1997年刑法修订时，设立了高利转贷罪。显然，该罪设立的目的在于确保信贷资源的计划配置与利率的计划控制。然而，从1998年开始，中国信贷市场开始发生实质性的变化，由计划管理向市场管理转型。这体现在央行对信贷总量由直接控制为主转向以间接控制为主，启动利率市场化改革。① 如今，中国信贷市场已基本实现市场机制调控，表现为，金融市场壁垒被不断打破，逐步放开民间借贷市场，允许民间资本成立小额贷款公司，银行机构体系建设遵循多层次、覆盖广、有差异发展的指导思想，允许民间资本进入银行业金融机构，利率市场化已于2015年年底之前基本完成②。国家通过宏观货币政策而不是计划干预方式对信贷市场施加影响。

金融管理制度的变化带来的必然是金融管理秩序的变化。作为建立在经济基础之上并为之服务的政治上层建筑，金融管理制度必然要随着经济基础的变更而发生变革，而管理制度的变革又必然会引起原有管理秩序在结构或性质上的变化，从而形成新的秩序。从这一意义上说，高利转贷罪立罪之时考虑的保护法益——信贷资源的计划配置与利率的计划控制——在当前已不存在。缺失了侵害法益，高利转贷罪失去了其立罪的正当性，应做非罪处理。

也有学者指出，高利转贷罪的立罪目的在于保障信贷资金的安全。③ 然而，若我们仔细观察高利转贷罪的立罪设计，会发现，其否定的核心并不在于

① 易秋霖：《中国信贷市场的变迁与趋势》，《金融理论与实践》2005年第10期，第3~5页。

② 周小川：利率市场化已经基本完成，网易财经，http://money.163.com/16/0320/20/BIKL5DB400253B0H.html，2016年5月15日访问。

③ 刘宪权：《高利转贷疑难问题的司法认定》，《法学论坛》2008年第6期，第73页。

资金安全，而是在于转贷行为人的不当获利，其以套取信贷资金转贷他人违法所得数额为罪量标准，简言之，即便转贷人如期如数归还金融机构贷款，按照高利转贷罪的罪行设计，只要违法所得数额达到标准，仍应入罪，显然，此罪设计更多的是保障信贷资金发放主体——金融机构的贷款业务经营专属权。而如今，这一权力也在逐步被打破，根据《关于小额贷款公司试点的指导意见》(2008)，小额贷款公司可以从银行业金融机构获得不超过50%的融入资金。如今，小额贷款公司已成为农村金融发展的新兴力量，发展势头强劲，但其资金饥渴问题却始终未能得到缓解。业内建议，银行转贷给小贷公司，转贷比例应从小贷公司资本金的0.5倍逐步放大至2～3倍。随着小额贷款公司进一步发展，民间借贷进一步放开，金融机构贷款业务经营专属权将被进一步稀释，这将有利于实现金融资金的流通效能，扩大资金的使用价值，同时，也保证了银行等金融机构的收益。因此，完全没必要禁止转贷行为。

从实践看，高利转贷行为确实是导致金融机构不良贷款的原因之一，但绝不是主要因素。国家审计署针对2012年度国有金融机构审计通报中指出，金融机构违规放贷是造成不良贷款的主要原因，“27家分支机构向手续不全或担保不合规等项目放贷284.43亿元。此外，还有183.91亿元贷款被客户挪用；有22亿多元被转入民间金融市场，用于高利转贷或归还民间借款，其中13亿元已形成不良贷款”。从金融刑法应仅规制严重侵害金融法益行为这一点而言，高利转贷罪也缺乏入罪的合理性。

二、除罪化的利益衡量

考察立罪的正当性需进行侵害法益的证成，而入罪的必要性则需要进行利益的考量。正如前文所言，无效果或者太昂贵的行为不应入刑。高利转贷罪自1997年刑法规定至今，已存在近20个年头，但司法实践中，以此罪定罪的案件数量非常少。笔者在北大法宝中文在线数据库司法案例库中以“高利转贷罪”为案由进行搜索，仅查询到42个刑事判决案例。而同库搜索到“骗取贷款罪”刑事判决书1368份，“贷款诈骗罪”刑事判决书1362份，高利转贷罪司法适用情况可见一斑。

理论研究同样呈现出研究内容单一、少人问津的局面。在中国知网期刊库以“高利转贷罪”为主题搜索关键词，共得到34个搜索结果，文章主要关注该罪的司法认定难点问题、其与骗取贷款罪以及贷款诈骗罪的关系问题等，研究的萧条境况与“贷款诈骗罪”（539篇）以及“骗取贷款罪”（117篇）的研究繁盛形成鲜明的对比。

实践与理论的“少关注”至少从一个侧面体现了此罪设计的“无意义”。

高利转贷罪的立罪设计，要求司法实践必须证明：（1）行为人有转贷牟利之目的。显然，从立法原意与文本解读，这里的目的必须是行为人在向金融机构贷款前即具备的目的，这无疑更增加了司法机关主观目的的认定的困难。（2）其借贷他人的资金来源于以其自身名义套取的银行等金融机构信贷资金。然而，资金本身并不带有任何主体属性，实践中，尤其针对资金量较大的企业或个人，即便其既有金融机构贷款行为也有借贷他人行为，也无法直接建立起二者之间转贷的必然联系。（3）高利。尽管此罪名已存在近20年，然何谓高利仍是一个未予以明确的问题。由于缺乏必要的法律界定或有效解释，司法实践中常出现的是只需高出银行同期利率还是应要求其转贷利率需按照高利贷把握——高于银行同期利率四倍——的争议。通说观点认为，此处的高利只需高于同期银行贷款利息。然而，随着信贷市场的发展，信贷主体众多，信贷方式多样，信贷利率市场化，以银行同期利率为基准确定是否是高利已无法得到确定的答案，若仍照此执行，必然带来司法实践上的不平等对待。

第二节　如实陈述吸收公众存款自用行为应作非罪化处理

一、现实：非法吸收公众存款罪成为“口袋罪”

非法吸收公众存款罪是《刑法》第176条规定之罪名，其基本构成要素包括：（1）非法；（2）吸收或者变相吸收公众存款；（3）达到司法解释规定的数额标准。对于该罪的理解，1998年国务院出台的《非法金融机构和非法金融业务活动取缔办法》第4条第2款将非法吸收公众存款行为界定为“是指未经中国人民银行批准，向社会不特定对象吸收资金，出具凭证，承诺在一定期限内还本付息活动。”变相吸收公众存款“是指未经中国人民银行批准，不以吸收公众存款的名义，向社会不特定对象吸收资金，但承诺履行的义务与吸收公众存款性质相同的活动。”显然，根据上述行政解释，“非法”意指未经中国人民银行批准，“公众”意指不特定对象，“存款”强调还本付息。在这一解释的驱动下，司法部门将金融机构提供保本付息承诺的委托理财行为做犯罪处理（如德隆系案件①），同时，对企业以借款方式筹集资金用于生产也认定为本罪（如孙某午案②）。2010年最高人民法院出台《关于审理非法集资刑事案件具体应用法律若干问题的解释》，再次扩大了非法吸收公众存款罪的适用范围。在该解释的第一条界定了“非法吸收公众存款”的含义，其中，将非法由未经人民银行批准扩张至“未经有关部门批准”；强调存款不仅“还本付息”，还可以是“给予回报”。在司法实践中，非法吸收公众存款罪俨然成为了一个口袋罪，只要存在吸收不特定多数人资金行为且到期未还，即可以非法吸收公众存款罪认定，尤其针对受害者报案意愿强烈，手段较为极端，信访压力大，有妨碍社会稳定之虞的案件，更是如此便宜操作。

二、反思：非法吸收公众存款罪立罪背景已发生了巨大变化

然而，与犯罪圈扩大以及司法认定便宜相对应的，却是非法吸收公众存款案件数量激增，犯罪形式推陈出新，从一个侧面反映了该罪立罪效能低下。非法吸收公众存款罪的扩大适用淡化了出资人应有的风险意识，模糊了民事借贷合同违约与犯罪的界限，助长了国家金融垄断主义。③ 非法吸收公众存款罪扩大适用的一个潜台词是，只有银行才可以从事吸收公众资金的业务，资金需求者也只能间接地从银行借贷资金。然而，银行从自身风控需要出发，在放贷对象的选择上更为倾向于选择信用度高、有较高还款能力的大型企业，中小企业遭遇贷款难是普遍现象，资金匮乏导致的“供血不足”，成为民营经济不能有更大发展空间的“命门”。有鉴于此，国家逐步放开了信贷管制，认可了民间借贷商事化趋势，2014年《温州市民间融资管理条例》出台，以地方性法规

---

① 在金新信托投资股份有限公司何某品、王甲、辛某、唐某、逯某红、王乙、庞某、于某海、韩某、彭某、王丙非法吸收公众存款案中，法院认定，1997年金新信托成为新疆德隆的融资平台后，在唐某新及被告人何某品、王甲的决策、纵容、指挥下，由被告人辛某、唐某组织，被告人逯某红、王乙、庞某、于某海、韩某、彭某、王丙具体实施，借信托理财之名，以委托国债、证券投资为主要形式变相非法吸收公众存款。为逃避国家主管部门的监管，金新信托在与企业机构签订各种理财合同的同时，又与客户签订补充协议，承诺固定收益率，在与自然人签订合同时，承诺保本付息，采取高息揽存和承诺保本付息的方式，广泛发展不特定客户吸收资金，进行变相吸收公众存款活动，金新信托非法吸收的公众存款主要用于新疆德隆和上海友联炒作新疆屯河、沈阳合金、湘火炬股票和兑付客户到期资金。判决被告单位金新信托及11名个人被告构成非法吸收公众存款罪。

② 孙某午，原河北省某农牧集团有限公司董事长，为企业发展需要，在民营企业遭遇贷款难题的情况下，自1993年起，采取以高于同期银行利率、不收利息税等手段，公开向内部职工及周边村镇群众变相吸收公众存款。最终以非法吸收公众存款罪判处孙某午有期徒刑3年，缓刑4年，并处罚金10万元。

③ 姜涛：《非法吸收公众存款罪的限缩适用新路径：以欺诈和高风险为标准》，《政治与法律》2013年第8期，第54页。

的方式对民间借贷概念、形式、管理模式等进行了细化，从制度层面肃清了非法集资与民间借贷之间的关系。显然，非法吸收公众存款罪立罪背景已发生了巨大变化，重新整合与定位非法吸收公众存款罪迫在眉睫。

三、出路：如实陈述吸收公众存款自用行为应作非罪化处理

有学者建议非法吸收公众存款罪全面去罪化，对此笔者持反对意见。必须看到，由于民间金融尚处于探索阶段，缺乏必要的监管，故而乱象频发。从温州的“跑路潮”到2015年P2P骗局大规模爆发，民间借贷乱象严重阻碍了诚信体系的建立，破坏了金融秩序的稳定，因此，尽管非法吸收公众存款罪在立罪时也存在无先而后的问题，但是，在现阶段仍不失一种必要的规范力量。但是，对于如实告知资金用途，且以生产经营为目的吸收社会资金并实际用于生产经营活动的行为，应做出罪处理。这将更为有利于发挥社会闲散资金的作用，降低企业融资成本，促进实体经济发展。

据此，具体的刑法修改建议是，在《刑法》第176条中增加一款出罪条款：“如实陈述吸收资金用途并实际用于生产经营活动的，不构成犯罪。”从而将非法吸收公众存款罪限定于间接金融领域。

第三节　金融诈欺犯罪应以损失结果的发生为成立要件

《刑法修正案（六）》新增骗取贷款、票据承兑、金融票证罪，根据《刑法修正案（六）草案说明》，骗取贷款罪的立罪理由是“人民银行等部门提出骗取贷款行为危害金融安全，但要认定骗贷人是否具有‘非法占有’目的很困难”。而骗取票据承兑、金融票证罪入刑则是“有的常委委员和部门提出，骗用贷款入罪，那么用欺骗手段骗取金融机构的票据承兑、信用证、保函等，给金融机构造成重大损失行为的，也应该入刑。”显然，本罪的设立从立法者层面而言，很大程度上是为了解决司法实践中对相关金融诈骗犯罪“非法占有目的”举证难的问题，其立罪正当性在“危害金融安全”，从而要求将刑法对于金融风险的“防御战线”前移，对骗取金融机构的金融诈欺行为予以犯罪化构建。

一、金融诈欺犯罪的保护法益应限于金融资金安全

究竟何谓金融安全？欺骗金融机构是否就意味着对金融安全的侵害？这是讨论本罪设立正当性必须首先明确的问题。在笔者看来，金融安全是一个极为

宽泛且含义模糊的概念。因此，对于立罪正当性而言，需进行必要的缩限。有学者提出，对于金融安全而言，资金安全固然是其应有之意，但更主要的是指金融信用安全。其认为，贷款诈欺行为不仅仅表现为对金融机构资金权利侵害，更严重地危害了金融信用安全。换言之，贷款诈欺行为不仅仅涉及被骗者的个人财产安全，更重要的是，它直接影响了人们对市场的信心，影响了市场的心理秩序，具有超个人价值。而贷款诈骗罪只规制非法占有的金融欺诈行为，偏重对金融机构资金安全的保护，未能充分体现对金融安全信用的保护。① 因此，基于对金融信用安全的强调，骗取贷款罪应体现对非诚信行为的否定，采取行为犯的立罪模式，而无需实际危害结果的发生，以此促进金融市场参与者金融信用意识的形成。还有学者提出“（所有）金融法罪构成形态的立法设计应首选行为犯，而不是结果犯。”②

金融信用是否需依靠刑法来塑造，或者说，将其作为第一性保护法益做立罪设计，这是一个非常值得研究的问题。首先，笔者认同金融信用在金融市场发展中的重要地位，信用是金融市场发展的原动力，金融业是信用构成的体系。因此，极有必要以法律为中心构建信用制度体系，以指引人民在金融活动中遵循诚信原则，并通过对失信行为否定及惩罚，为人们的信用行为提供明确的标准。然而，一个现实是，如今，尽管我国已出台了相关法律法规对经济主体交易的诚信行为进行规范（如《民法通则》《合同法》），并出台了相关征信规范，保护当事人合法权益，但不可否认，我国社会信用体系建设尚处在完善阶段③。有学者一针见血地指出，在制度缺失中，最主要的就是缺乏以法律为主的金融信用监管制度体系。特别是金融企业内部信用风险管理制度缺乏，由此带来因授信不当导致金融合约不能履行，以及受信企业对履约计划缺乏管理而违约的现象频繁发生；因为对客户的信用状况缺乏了解，也使许多企业屡屡受骗上当，造成大量的经济纠纷和交易损失。因此，目前的当务之急，是建立健全信用制度，全面确立金融信用主体、运行及救济等方面金融信用法律规范，以形成具有彰扬与惩罚功能的金融信用法律运行机制④；并通过教育、宣传培养市场主体的信用意识。在金融信用立法尚不完善的今天，就将其作为犯罪保护法益做入罪设计，有违金融刑法补充性原则。因此，对于骗取贷款、票据承兑、金融票证罪而言，其保护法益应限于金融资金安全。

---

① 苏彩霞：《贷款诈欺行为犯罪化之分析及立法建议》，《法商研究》2001 年第 2 期，第 108 页。

② 刘远：《金融犯罪构成形态的立法设计》，《人民检察》2005 年第 8 期（上），第 11 页。

③ 杜金富：《社会信用体系建设的若干思考》，《中国金融》2012 年第 8 期，第 10 页。

④ 潘艳红：《论我国金融信用的现状、缺失成因与对策：基于法律经济学视角的分析》，《现代经济探讨》2008 年第 10 期，第 69 页。

二、“欺骗”行为不应成为独立的入罪评价标准

对于“欺骗金融机构就意味着对金融安全的侵害”的论断，笔者认为有其合理的一面，但并不全面，甚至有夸大的成分。以骗取贷款罪为例，诚然，实践证明，使用欺骗手段取得贷款，有可能会对贷款的安全回收形成一定的风险，但同样的实践也证明了行为人采取欺骗手段并不必然导致期后无力偿还。实质上，作为种类物，贷款适用“占有即所有”规则，借款者仅需到期偿还同等币值的货币就算履行了义务，因而无法根据骗用财物价值的大小、骗用时间的长短、对于被害人的财物利用可能性的妨害程度，来判断骗用行为是否达到了值得苛处刑罚的程度。①

同时，不论是贷款关系，还是票据承兑关系或开立信用证、保函，其实质都是金融机构对金融消费者提供的服务，其基础的法律关系都是建立于平等主体间，要求双方意思表示一致的合同关系。从这一角度而言，法律对双方的保护应该是均等的、公平的。如果欺骗金融机构意味着对金融安全的侵害因此应做入罪设计，那么金融机构欺骗金融消费者的行为是否也须入罪?② 单方面入罪设计将带来刑法偏向保护，使司法机关沦为金融机构的讨债工具，金融机构可借此将本应属贷款中的民事欺诈纠纷的当事人，甚至对仅采取欺诈手段取得贷款但将贷款用于正当途径并具有充分偿还能力的行为人全部诉之于公权力打击，这无疑会不当扩大打击面。

三、金融诈欺犯罪应以损失结果的发生为成立要件

当前刑法对骗取贷款、票据承兑、金融票证罪的立罪设计以及司法解释便存在上述问题。根据《刑法》第 175 条之一的规定，骗取贷款、票据承兑、金融票证罪的构成要素包括：（1）以欺骗手段取得银行或者其他金融机构贷款、票据承兑、信用证、保函等；（2）给银行造成重大损失或者有其他严重情节的。显然，其并不以危害结果的发生为成立犯罪的唯一标准，“严重情节”标准使得惩罚“欺骗行为”成为可能。基于法条规定，《立案追诉标准

---

① 陈红兵：《骗取贷款罪的准确适用探究》，《湖南大学学报》2015 年第 5 期，第 140 页。

② 《消费者权益保护法》将证券、保险、银行等金融服务的经营者提供的产品或者服务，亦纳入消费者权益保护范畴，但从实际情况看，保护并不全面。在 2014 年度上海高院公布的金融商事审判十大案例中，针对沈某诉甲银行、乙保险公司服务合同纠纷案，法院指出“沈某（原告，笔者注）虽称甲银行工作人员推销该份保险时夸大收益，但无证据予以佐证，至于沈某所主张的甲银行未提示其抄录相关条款，并非判断银行有无履行告知义务的唯一标准。因沈某未能举证证明甲银行存在故意提供虚假情况或者故意隐瞒真实情况的行为，法院判决驳回了沈某的诉讼请求”。

（二）》将行为指向数额与直接损失数额作为追诉可选择的标准。

在笔者看来，骗取贷款、票据承兑、金融票证罪应以直接损失结果的发生为成立要件，唯此，方可有效限制该罪的司法适用。必须看到，实践中借款主体采取欺骗手段获取贷款有时与金融机构的贷款偏向有关，致使欺骗成为借贷人（如中小企业主、个体工商户或者暂时处于困难中的企业）迫不得已的选择。若将骗取贷款行为普遍入罪，一定程度上会阻碍信贷业和民营企业及个体经济的发展。

小 结

本章立足于金融刑法的实然规范，具体阐述笔者对现行金融刑法的一些思考。所涉内容将仅针对笔者认为现行刑法法条中有迫切修改必要的。在笔者看来，由于侵害法益之缺失以及除罪化的利益衡量，高利转贷罪应做非罪化处理；通过对非法吸收公众存款罪现行适用场域的考察，可以看出非法吸收公众存款罪立罪背景已发生了巨大变化，建议将如实陈述吸收公众存款自用行为应作非罪化处理；骗取贷款、票据承兑、金融票证罪的保护法益应限于金融资金安全，欺骗行为不应成为独立的入罪评价标准，骗取贷款、票据承兑、金融票证罪应以损失结果的发生为成立要件。

主要参考文献

一、专著类

[1] 刘艳红、周佑勇：《行政刑罚的一般理论》，北京大学出版社 2008 年版。

[2] 林山田：《刑罚学》，台北商务印书馆 1985 年版。

[3] 梁治平：《寻求自然秩序中的和谐》，中国政法大学出版社 2002 年版。

[4] 杨力：《社会学视野下的法律秩序》，山东人民出版社 2006 年版。

[5] 冯军：《刑法问题的规范理解》，北京大学出版社 2009 年版。

[6] 陈兴良：《本体刑法学》，商务印书馆 2001 年版。

[7] 陈兴良：《规范刑法学》，中国人民大学出版社 2008 年版。

[8] 刘岩：《风险社会理论新探》，中国社会科学出版社 2008 年版。

[9] 王安异：《刑法中的行为无价值与结果无价值研究》，中国人民公安大学出版社 2005 年版。

[10] 吴玉梅：《德国刑法中的客观规则研究》，中国人民公安大学出版社 2007 年版。

[11] 庄友刚：《跨越风险社会——风险社会的历史唯物主义研究》，人民出版社 2008 年版。

[12] 刘宪权、谢杰：《证券期货犯罪刑罚理论与实务》，上海人民出版社 2012 年版。

[13] 刘宪权：《刑法学研究（第 11 卷）——互联网金融刑法规制研究》，上海人民出版社 2014 年版。

[14] 李永升：《金融刑法增补型犯罪研究》，法律出版社 2014 年版。

[15] 胡启忠：《修正金融刑法适用研究：立法·理论·实务》，法律出版社 2013 年版。

[16] 黄韬：《金融抑制与中国金融法治的逻辑》，法律出版社 2012 年版。

[17] 吕琰、林安民：《金融法基本原理与实务》，复旦大学出版社 2014 年版。

[18] 邓正来:《国家与社会》，北京大学出版社 2008 年版。

[19] 邓正来:《谁之全球化? 何种法哲学?》，商务印书馆 2009 年版。

[20] 陈兴良:《刑法的价值构造》(第二版)，中国人民大学出版社 2006 年版。

[21] 陈兴良:《刑法的人性基础》(第 3 版)，中国人民大学出版社 2006 年版。

[22] 陈兴良:《走向哲学的刑法学》(第 2 版)，法律出版社 2008 年版。

[23] 陈兴良:《经济刑法学》，中国社会科学出版社 1990 年版。

[24] 何荣功:《自由秩序与自由刑法理论》，北京大学出版社 2013 年版。

[25] 董秀红:《金融安全的刑法保护》，法律出版社 2015 年版。

[26] 刘刚:《风险规制：德国的理论与实践》，法律出版社 2012 年版。

[27] 中国人民大学刑事法律科学研究中心:《刑事法学的当代展开》(上)，中国检察出版社 2008 年版。

[28] 赵延东等:《风险社会及其超越：社会理论的关键问题》，北京出版社 2005 年版。

[29] 曾康霖:《曾康霖著作集：(十) 宏观金融论》，中国经济出版社 2004 年版。

[30] 周平轩:《论公平与效率——关于公平与效率的理论分析和历史考察》，山东大学出版社 2014 年版。

[31] 冯果、袁康:《社会变迁视野下的金融法理论与实践》，北京大学出版社 2013 年版。

[32] 夏勇:《中国法治发展报告》，社会科学文献出版社 2005 年版。

[33] 卢勤忠:《中国金融刑法国际化研究》，中国人民公安大学出版社 2004 年版。

[34] 刘远:《金融欺诈犯罪立法原理与完善》，法律出版社 2010 年版。

[35] 林山田:《论刑事不法与行政不法》，载《刑事法论丛(二)》，丰兴印刷厂有限公司 1997 年版。

[36] 白建军:《关系犯罪学》，中国人民大学出版社 2005 年版。

[37] 张志铭:《法律解释操作分析》，中国政法大学出版社 1999 年版。

[38] 梁根林:《刑事法典：扩张与限缩》，法律出版社 2005 年版。

[39] 杨兴培:《反思与批评——中国刑法的理论与实践》，北京大学出版社 2013 年版。

[40] 劳东燕:《罪刑法定本土化的法治叙事》，北京大学出版社 2010 年版。

[41] 郝艳兵：《风险刑法：以危险犯为中心的展开》，中国政法大学出版社 2012 年版。

[42] 张晶：《风险刑法——以预防机能为视角的展开》，中国法制出版社 2012 年版。

[43] 焦旭鹏：《风险刑法的基本立场》，法律出版社 2014 年版。

[44] 胡启忠：《金融刑法适用论》，中国检察出版社 2003 年版。

[45] 胡启忠：《经济刑法立法与经济犯罪处罚》，法律出版社 2010 年版。

[46] 胡启忠、高晋康：《金融领域法律规制新视域》，法律出版社 2008 年版。

[47] 刘明祥：《金融犯罪的全球考察》，中国人民大学出版社 2008 年版。

[48] 张小军：《读懂中国金融》，化学工业出版社 2016 年版。

[49] 王江：《中国金融改革 40 问》，上海交通大学出版社 2014 年版。

[50] 赵万一：《证券市场投资者利益保护法律制度研究》，法律出版社 2013 年版。

[51] 厉以宁：《中国经济双重转型之路》，中国人民大学出版社 2013 年版。

[52] 巴曙松：《中国金融大未来》，华文出版社 2010 年版。

[53] 李培林：《2015 年中国社会形势分析与预测》，社会科学文献出版社 2014 年版。

[54] 王萍：《证券交易与监管法律研究》，中国政法大学出版社 2015 年版。

[55] 劳东燕：《刑法基础的理论展开》，北京大学出版社 2008 年版。

[56] 高铭暄、赵秉志：《中国刑法规范与立法资料精选》，法律出版社 2013 年版。

[57] 刘伟：《经济刑法规范适用原论》，法律出版社 2012 年版。

[58] 陈兴良：《刑法哲学》，中国政法大学出版社 2004 年版。

[59] 陈兴良、周光权：《刑法学的现代展开》，中国人民大学出版社 2009 年版。

[60] 陈忠林：《意大利刑法纲要》，中国人民大学出版社 1999 年版。

[61] 储怀植：《刑事一体化论要》，北京大学出版社 2007 年版。

[62] 储怀植、江溯：《美国刑法》（第四版），北京大学出版社 2012 年版。

[63] 范建、王建文：《商法的价值源流及本体》（第 2 版），中国人民大学出版社 2007 年版。

[64] 高金柱：《利益衡量与刑罚犯罪之判断》，元照出版有限公司 2003 年版。

[65] 顾肖荣：《经济刑法》(1-6)，上海人民出版社 2003-2007 年版。

[66] 郭立新：《刑罚立法正当性研究》，中国检察出版社 2005 年版。

[67] 何帆：《刑民交叉案件的审理思路》，中国法制出版社 2007 年版。

[68] 刘树德：《宪法维度的刑法新思考》，北京大学出版社 2005 年版。

[69] 廖明：《证券期货犯罪专题整理》，中国人民公安大学出版社 2011 年版。

[70] 黄荣坚：《刑罚问题与利益思考》，中国人民大学出版社 2009 年版。

[71] 纪录片《华尔街》主创团队：《华尔街——金融的力量》，中国商业出版社 2011 年版。

[72] 苏力：《制度是如何形成的》，北京大学出版社 2007 年版。

[73] 张波：《刑法法源研究》，法律出版社 2011 年版。

[74] 孙国祥：《刑法基本问题》，法律出版社 2007 年版。

[75] 何秉松：《全球化时代犯罪与刑罚新理念》，中国民主法制出版社 2011 年版。

[76] 张文显：《法哲学范畴研究》，中国政法大学出版社 2001 年版。

[77] 韩忠谟：《刑法原理》，北京大学出版社 2009 年版。

[78] 唐稷尧：《经济犯罪的刑事惩罚标准研究》，四川大学出版社 2007 年版。

[79] 刘风科：《刑法在现代法律体系中的地位与特征》，人民法院出版社 2007 年版。

[80] 易继明：《私法精神与制度选择》，中国政法大学出版社 2003 年版。

[81] 张明楷：《诈骗罪与金融诈骗罪研究》，清华大学出版社 2006 年版。

[82] [美] 哈特：《法律中的因果关系》，张绍谦译，中国政法大学出版社 2005 年版。

[83] [美] 本杰明. N. 卡多佐：《法律的成长：法律科学的悖论》，董炯等译，中国法制出版社 2002 年版。

[84] [意] 杜里奥·帕多瓦尼：《意大利刑法学原理》，陈忠林译评，中国人民大学出版社 2004 年版。

[85] [美] 约翰·莫纳什、[美] 劳伦斯·沃克：《法律中的社会科学》，法律出版社 2007 年版。

[86] [美] 凯斯. R. 孙斯坦：《风险与理性——安全、法律及环境》，中国政法大学出版社 2005 年版。

[87]［英］尤根·埃利希：《法律社会学基本原理》，叶名怡、袁震译，中国社会科学出版社 2009 年版。

[88]［英］约瑟夫·拉兹：《法律的权威》，朱峰译，法律出版社 2005 年版。

[89]［日］千叶正士：《法律多元》，强世功等译，中国政法大学出版社 1997 年版。

[90]［德］乌尔里希·贝克：《风险社会》，何博闻译，译林出版社 2004 年版。

[91]［德］乌尔里希·贝克：《世界风险社会》，吴英姿、孙淑敏译，南京大学出版社 2004 年版。

[92]［德］乌尔里希·贝克：《自由与资本主义——与著名社会学家乌尔里希·贝克对话》，浙江人民出版社 2001 年版。

[93]［英］安东尼·吉登斯：《超越左与右激进政治的未来》，李惠斌、杨雪冬译，社会科学文献出版社 2000 年版。

[94]［英］安东尼·吉登斯：《现代性的后果》，田和译，译林出版社 2011 年版。

[95]［美］乔治·弗莱彻：《反思刑法》，邓子滨译，华夏出版社 2008 年版。

[96]［法］孟德斯鸠：《论法的精神》，彭盛译，当代世界出版社 2008 年版。

[97]［英］以赛亚·柏林：《自由论》，胡传胜译，译林出版社 2003 年版。

[98]［美］迈克尔·桑德尔：《公共哲学——政治中的道德问题》，朱东华等译，中国人民大学出版社 2012 年版。

[99]［法］卢梭：《社会契约论》，何兆武译，商务印书馆 2003 年版。

[100]［英］边沁：《道理与立法原理导论》，时殷弘译，商务印书馆 2000 年版。

[101]［英］舒马赫：《小的是美好的》，虞鸿钧、郑关林译，商务印书馆 1984 年版。

[102]［美］布莱克：《法律的运作行为》，唐越、苏力译，中国政法大学出版社 1994 年版。

[103]［美］哈伯特. L. 帕克：《刑事制裁的界限》，梁根林译，法律出版社 2008 年版。

[104]［美］庞德：《通过法律的社会控制——法律的任务》，沈宗灵、董

世忠译，商务印书馆 1984 年版。

［105］［美］博登海默：《法理学——规范哲学和规范方法》，邓正来译，中国政法大学出版社 2004 年版。

［106］［美］道格拉斯. N. 胡萨克：《刑法哲学》，谢望原等译，中国人民公安大学出版社 2004 年版。

［107］［美］理查德. A. 波斯纳：《法理学问题》，苏力译，中国政法大学出版社。

［108］［德］克劳斯·罗克辛：《德国刑法学总论（第 1 卷）·犯罪原理的基础构造》，王世洲译，法律出版社 2005 年版。

［109］［德］李斯特：《德国刑罚教科书》，徐久生译，法律出版社 2006 年版。

［110］［德］京特·雅克布斯：《规范·人格体·社会——法哲学前思》，冯军译，法律出版社 2001 年版。

［111］［德］马克斯·韦伯：《经济与社会》（上卷），林荣远译，商务印书馆 2006 年版。

［112］［日］福田平、大塚仁：《日本刑法总论讲义》，李乔等译，辽宁人民出版社 1986 年版。

［113］［日］大塚仁：《刑法概说（总论）》，冯军译，中国人民大学出版社 2003 年版。

［114］［日］西田典之：《日本刑法总论》，刘明祥等译，中国人民大学出版社 2007 年版。

［115］［日］大谷实：《刑法总论》，黎宏译，法律出版社 2008 年版。

［116］［日］西原春夫：《犯罪实行行为论》，戴波等译，北京大学出版社 2006 年版。

［117］［英］弗里德里希·哈耶克：《自由秩序原理》（上），邓正来译，生活·读书·新知三联书店 1997 年版。

［118］［英］约翰·斯图亚特·密尔：《论自由》，于庆生译，中国法制出版社 2009 年版。

二、论文类

［1］陈红兵：《骗取贷款罪的准确适用探究》，《湖南大学学报》2015 年第 5 期。

［2］潘艳红：《论我国金融信用的现状、缺失成因与对策：基于法律经济学视角的分析》，《现代经济探讨》2008 年第 10 期。

[3] 杜金富:《社会信用体系建设的若干思考》,《中国金融》2012 年第 8 期。

[4] 姜涛:《非法吸收公众存款罪的限缩适用新路径:以欺诈和高风险为标准》,《政治与法律》2013 年第 8 期。

[5] 刘宪权:《高利转贷疑难问题的司法认定》,《法学论坛》2008 年第 6 期。

[6] 易秋霖:《中国信贷市场的变迁与趋势》,《金融理论与实践》2005 年第 10 期。

[7] 刘远:《金融欺诈的犯罪化限度及路径》,《法治研究》2010 年第 10 期。

[8] 庞平:《经济犯罪立法存在的误区及对策》,《民主与法制》2011 年第 8 期。

[9] 张明楷:《刑事立法的发展方向》,《中国法学》2006 年第 4 期。

[10] 杨兴培:《经济犯罪的刑事立法模式研究》,《政治与法律》2006 年第 2 期。

[11] 黄华平:《试论刑法修正案的立法模式》,《中国人民公安大学学报》2005 年第 3 期。

[12] 张明楷:《自然犯与法定犯一体化立法体例下的实质解释》,《中国检察官》2014 年第 9 期。

[13] 刘远:《关于我国金融刑法立法模式的思考》,《法商研究》2006 年第 2 期。

[14] 苏彩霞:《"风险社会"下抽象危险犯的扩张与限缩》,《法商研究》2011 年第 4 期。

[15] 苏彩霞:《贷款诈欺行为犯罪化之分析及立法建议》,《法商研究》2001 年第 2 期。

[16] 刘远:《金融犯罪构成形态的立法设计》,《人民检察》2005 年第 8 期(上)。

[17] 刘远、赵玮:《金融刑法立法理念的宏观分析——为金融刑法改革进言》,《河北法学》2006 年第 9 期。

[18] 田宏杰:《行政犯的法律属性及其责任——兼及定罪机制的重构》,《法学家》2013 年第 3 期。

[19] 王政勋:《定量因素在犯罪成立条件中的地位——兼论犯罪构成理论的完善》,《政法论坛》2007 年第 4 期。

[20] 毛玲玲:《证券刑法的矛盾样态及反思》,《中外法学》2014 年第

3 期。

［21］鲜铁可、刘博：《操纵证券市场行为的法律责任》，《人民检察》2012 年第 4 期。

［22］屈学武：《中国刑法上的罪量要素存废评析》，《政治与法律》2013 年第 1 期。

［23］王海明：《论经济自由原则》，《齐鲁学刊》2007 年第 3 期。

［24］吴玉梅：《中德金融诈骗罪比较研究》，《法学杂志》2006 年第 6 期。

［25］惠春寿：《人格的观念与政治自由主义的证成》，《浙江社会科学》2016 年第 3 期。

［26］贾健：《人类图像与刑法中的超个人法益——以自由主义和社会主义为视角》，《法制与社会发展》2015 年第 6 期。

［27］雷东生：《刑法保护法益的判断规则》，《法制与社会发展》2015 年第 6 期。

［28］王永茜：《论集体法益的刑法保护》，《环球法律评论》2013 年第 4 期。

［29］刘远：《经济犯罪刑罚结构调整的刑事政策思考》，《山东警察学院学报》2010 年第 4 期。

［30］魏昌东：《经济风险控制与中国经济刑法立法原则的转型》，《南京大学学报（哲学·人文科学·社会科学版）》2011 年第 6 期。

［31］魏昌东：《新刑法工具主义批判与矫正》，《法学》2016 年第 2 期。

［32］李支：《我国禁止内幕交易制度的理论逻辑及其反思》，《学术界》2015 年第 7 期。

［33］肖中华：《当代中国宪法的发展与刑法理念的更新》，《人民检察》2012 年第 13 期。

［34］田春雷：《金融资源公平配置的法学分析——兼论中国金融法的新价值》，《法学评论》2013 年第 3 期。

［35］杨东：《论金融法的重构》，《清华法学》2013 年第 4 期。

［36］李喜莲、邢会强：《金融危机与金融监管》，《法学杂志》2009 年第 5 期。

［37］赵秉志、袁彬：《刑法与相关部门法关系的调试》，《法学》2013 年第 9 期。

［38］袁彬：《刑法与相关部门法的关系模式及其反思》，《中南大学学报（社会科学版）》2015 年第 1 期。

[39] 张明楷：《刑法在法理体系中的地位——兼论刑法的补充性与法理体系的概念》，《法学评论》1994 年第 6 期。

[40] 董秀红：《从美国次贷危机看我国金融刑法的立法完善》，《政治与法律》2010 年第 4 期。

[41] 孙天琦：《金融消费者保护：市场失灵、政府介入与道德风险的防范》，《经济社会体制比较》2012 年第 2 期。

[42] 田辉《防范金融风险需知行合一》，《中国发展观察》2016 年第 1 期。

[43] 黄韬：《“金融抑制”的法律镜像及其变革》，《财经科学》2013 年第 8 期。

[44] 潘英丽：《对中国金融系统性风险的追问》，《探索与争鸣》2014 年第 7 期。

[45] 杨风禄：《市场失灵的迷思》，《山东社会科学》2011 年第 6 期。

[46] 王怡：《论金融风险下金融立法的理念和维度》，《云南社会科学》2014 年第 4 期。

[47] 王琨：《工具理性和价值理性——理解韦伯的社会学思想》，《甘肃社会科学》2005 年第 1 期。

[48] 陈兴良、周光权：《困惑中的超越与超越中的困惑》，《刑事法评论》，北京大学出版社 1998 年版。

[49] 杨昌宇：《从源起到终极：法治自由价值核心地位的理论证成》，《北方论丛》2011 年第 5 期。

[50] 周静：《风险刑法价值分析与适用探究》，《山东社会科学》2013 年第 6 期。

[51] 于志刚：《中国互联网领域立法体系化建构的路径》，《理论视野》2016 年第 5 期。

[52] 孙平：《系统构筑个人信息保护立法的基本权利模式》，《法学》2016 年第 4 期。

[53] 徐春燕：《经济法视野下农民工社会保障制度研究》，《税务与经济》2016 年第 1 期。

[54] 宋宇文：《论生态文明建设中环境利益的类型与法律保护机制——基于庞德利益理论的视角》，《南京师范大学学报》（社会科学版）2016 年第 1 期。

[55] 郑永宽：《论责任范围限定中的侵权过失与因果关系》，《法律科学》2016 年第 2 期。

[56] 林培晓：《风险刑法中的法益侵害原理研究》，《晋阳学刊》2016年第1期。

[57] 侯艳芳：《论我国网络恐怖活动犯罪的刑法规制》，《山东社会科学》2016年第3期。

[58] 岳彩申：《民间借贷法律监管的新进路》，《河北法学》2016年第5期。

[59] 董邦俊、王振：《风险社会中刑法人权保障机能之危机》，《云南大学学报》2010年第1期。

[60] 郝艳兵：《风险社会下的刑法价值观念及其立法实践》，《中国刑事法杂志》2009年第7期。

[61] 劳东燕：《公共政策与风险社会的刑法》，《中国社会科学》2007年第3期。

[62] 杨兴培：《"风险社会"中社会风险的刑事政策应对》，《法学论坛》2011年第2期。

[63] 龙敏：《秩序与自由的碰撞——论风险社会刑法的价值冲突与协调》，《甘肃政法学院学报》2010年第5期。

[64] 黎宏：《对风险刑法观的反思》，《人民检察》2011年第3期。

[65] 刘艳红：《"风险刑法"理论不能动摇刑法谦抑主义》，《法商研究》2011年第4期。

[66] 于志刚：《"风险刑法"不可行》，《法商研究》2011年第4期。

[67] 张明楷：《"风险社会"若干刑法理论问题反思》，《法商研究》2011年第5期。

[68] 薛晓源：《法治时代的危险、风险与和谐——德国著名法学家、波恩大学法学院院长乌·金德霍伊泽尔教授访谈录》，《马克思主义与现实》2005年第3期。

[69] 何荣功：《经济自由与刑法理性：经济刑法的范围界定》，《法律科学》2014年第3期。

[70] 何荣功：《经济自由与经济刑法正当性的体系思考》，《法学评论》2014年第6期。

[71] 利子平：《风险社会中传统刑法立法的困境与出路》，《法学论坛》2011年第4期。

[72] 胡启忠：《金融刑法立罪逻辑论——以金融刑法修正为例》，《中国法学》2009年第6期

[73] 吴文嫔、张启飞：《论互联网金融创新刑法规制的路径选择——以

非法集资类犯罪为视角》，《中国检察官》2015 年第 11 期。

[74] 张小宁：《“规制缓和”与自治型金融刑法的构建》，《法学评论》2015 年第 4 期。

[75] 尹凤桐、刘远、赵玮：《论金融刑法改革的视域扩展》，《东岳论丛》2007 年第 4 期。

[76] 吕垚瑶：《论我国金融犯罪刑事立法理念的重构》，《辽宁警专学报》2015 年第 1 期。

[77] 袁林、吕垚瑶、吕昭义：《金融风险防范视野下我国金融刑法创新研究》，《西南政法大学学报》2013 年第 6 期。

[78] 赵德刚：《我国金融安全刑法保护的立法现状分析》，《武汉公安干部学院学报》2009 年第 1 期。

[79] 康均心、李娜：《金融安全刑法保护的价值思考》，《江南社会学院学报》2008 年第 3 期。

[80] 孙道萃：《风险社会与风险刑法：立场与调试》，《中国公共安全》2011 年第 2 期。

[81] 冉妮莉：《完善我国金融刑事立法的思考》，《湖北社会科学》2009 年第 10 期。

[82] 王振、董邦俊：《风险社会中的刑法回应》，《江西科技师范学院学报》2008 年第 3 期。

[83] 蒋苏淮：《法治在中国：问题，反思，启示》，《江苏警官学院学报》2009 年第 5 期。

[84] 申柳华：《论我国金融犯罪刑事立法中的宽严相济》，《山西警官高等专科学校学报》2008 年第 2 期。

[85] 蒋苏淮：《公安专项治理走向“常规化”的路径探索——基于银行卡专项行动的观察》，《公安研究》2015 年第 10 期。

[86] 蒋苏淮：《中国特色社会主义法律体系建成后“立法中心主义”的转向》，《河北法学》2012 年第 4 期。

[87] 刘艳红：《醉驾型危险驾驶罪刑事证据规则研究》，《法律科学》2014 年第 2 期。

[88] 闻志强：《中国刑法理念的前沿审视》，《中国刑事法杂志》2015 年第 2 期。

[89] 刘艳红：《行政犯罪分类理论反思与重构》，《法律科学》2008 年第 4 期。

[90] 姜涛：《行政犯与二元化犯罪模式》，《中国刑事法杂志》2010 年第

12 期。

［91］练育强：《行政处罚与刑事制裁衔接研究之检视》，《政治与法律》2013 年第 12 期。

［92］周光权：《行为无价值论与客观归责理论》，《清华法学》2015 年第 1 期。

［93］王占启：《刑法亟需确立全面保护原则》，《政法论丛》2015 年第 4 期。

［94］陆建强：《刑法分则条文中“情节严重”类综合性犯罪构成要件研究》，《政治与法律》2012 年第 8 期。

［95］刘艳红：《我国应该停止犯罪化的刑事立法》，《法学》2011 年第 11 期。

［96］刘艳红：《违法性认识的体系性地位》，《扬州大学学报》2015 年第 7 期。

［97］杨柳：《释法抑或造法：由刑法历次修正引发的思考》，《中国法学》2015 年第 5 期。

［98］周平：《论刑法客观方面先相关关系后因果关系规则辨析的归位性思考》，《中国刑事法杂志》2015 年第 5 期。

［99］赵秉志、王鹏祥：《论我国宪法指导下刑罚理念的更新》，《河北法学》2013 年 4 月。

［100］欧阳本祺：《论我国定罪思维的传统及其演化》，《法律科学》2010 年第 3 期。

［101］吕英杰：《风险刑法下的法益保护》，《吉林大学社会科学学报》2013 年第 4 期。

［102］冯果、袁康：《走向金融深化与金融包容：全面深化改革背景下金融法的使命自觉与制度回应》，《法学评论》2014 年第 2 期。

［103］王育才：《中国转型期金融法制体系的价值目标及完善》，《商业时代》2010 年第 1 期。

［104］李春红：《中国金融市场系统性风险测度》，《商业时代》2014 年第 21 期。

［105］王冀宁、陈铭、陈庭强：《中国金融市场监管行为的演化博弈研究》，《北京理工大学学报》2013 年第 5 期。

［106］龙玉、丛菲菲：《中国金融市场的改革与创新》，《经济研究》2015 年第 11 期。

［107］金海年：《中国金融市场 20 年的独特规律》，《大众理财顾问》

2015 年第 10 期。

[108] 柳明：《中国金融脆弱性指标建构与分析》，《河北学刊》2016 年第 1 期。

[109] 张建英：《政府管理活动对经济增长的影响》，《科研管理》2016 年第 1 期。

[110] 周友苏：《证券行政责任重述与完善》，《清华法学》2010 年第 3 期。

[111] 姜涛：《在秩序与自由之间：刑法父爱主义之提倡》，《江淮论坛》2015 年第 1 期。

[112] 王璐：《在改革开放中把握超前立法》，《渤海大学学报》2008 年第 4 期。

[113] 唐勇：《“移植制度”水土不服的困境与突破——对我国新股发行市场化改革的思考》，《经济问题》2008 年第 6 期。

[114] 何荣功：《刑法“兜底条款”的适用与“抢帽子交易”的定性》，《法学》2011 年第 6 期。

[115] [德] 乌尔斯·金德霍伊泽尔：《法益保护与规范效力的保障——论刑法的目的》，《中外法学》2015 年第 2 期。

[116] [德] 克劳斯·罗克辛：《对批评立法之法益概念的检视》，《法学评论》2015 年第 1 期。

[117] [英] 蒂姆·哈雷特：《金融研究爱大话》，《二十一世纪商业评论》2015 年第 2 期。

三、学位论文

[1] 王彦强：《犯罪成立罪量因素研究》，南京师范大学 2013 年度博士学位论文。

[2] 龙兴盛：《经济违法行为刑事制裁介入度研究》，湖南大学 2014 年度博士学位论文。

[3] 胡业勋：《立法上的金融违法行为入罪研究》，西南财经大学 2010 年度博士学位论文。